Coleção

Eu gosto m@is

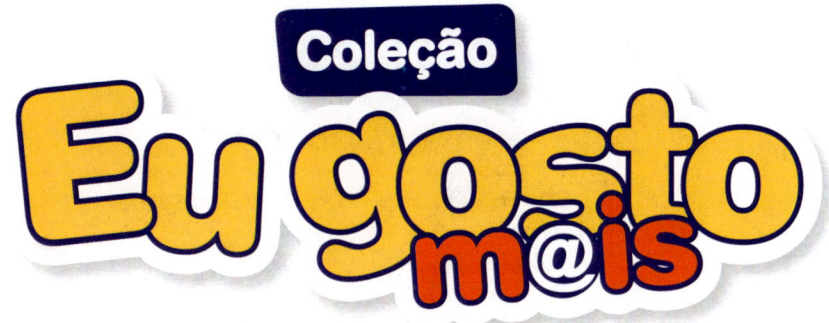

Caligrafia

Yara Najman

Cursou Filosofia na Universidade de São Paulo. Professora, diretora e supervisora pedagógica da rede de escolas do Serviço Social da Indústria/Federação das Indústrias do estado de São Paulo. Professora de Didática e diretora pedagógica do Centro Universitário Ibero-Americano de São Paulo. Autora de livros de literatura infantil.

Vera Calabria

Cursou Filosofia na Universidade de São Paulo e Pedagogia na Universidade Princesa Isabel. Especializou-se em Psicologia da Aprendizagem. Foi orientadora pedagógica em escolas de Educação Infantil, Ensino Fundamental e Ensino Médio.

Volume 1

Ensino Fundamental

IBEP

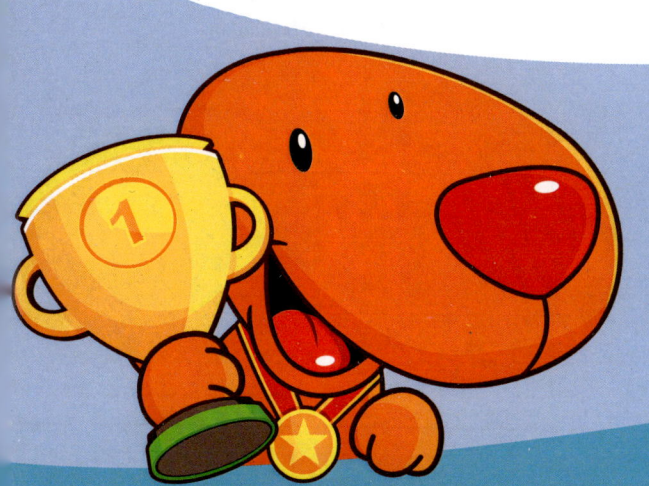

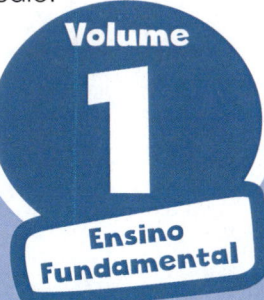

3ª edição

São Paulo

2015

Coleção Eu gosto m@is
Caligrafia 1º ano
© IBEP, 2015

Diretor superintendente	Jorge Yunes
Diretora editorial	Célia de Assis
Gerente editorial	Maria Rocha Rodrigues
Coordenadora editorial	Simone Silva
Assessoria pedagógica	Valdeci Loch
Analista de conteúdo	Cristiane Guiné
Assistente editorial	Fernanda Santos
	Bárbara Vieira
Coordenadora de revisão	Helô Beraldo
Revisão	Beatriz Hrycylo, Cássio Dias Pelin, Fausto Alves Barreira Filho, Luiz Gustavo Bazana, Rosani Andreani, Salvine Maciel
Secretaria editorial e Produção gráfica	Fredson Sampaio
Assistentes de secretaria editorial	Carla Marques, Karyna Sacristan, Mayara Silva
Assistentes de produção gráfica	Ary Lopes, Eliane Monteiro, Elaine Nunes
Coordenadora de arte	Karina Monteiro
Assistentes de arte	Aline Benitez, Gustavo Prado Ramos, Marilia Vilela, Thaynara Macário
Coordenadora de iconografia	Neuza Faccin
Assistentes de iconografia	Bruna Ishihara, Camila Marques, Victoria Lopes, Wilson de Castilho
Ilustração	José Luís Juhas, Imaginário Stúdio, Eunice/Conexão João Anselmo e Izomar
Processos editoriais e tecnologia	Elza Mizue Hata Fujihara
Projeto gráfico e capa	Departamento de Arte - IBEP
Ilustração da capa	Manifesto Game Studio
Diagramação	N-Publicações

CIP-BRASIL. CATALOGAÇÃO-NA-FONTE
SINDICATO NACIONAL DOS EDITORES DE LIVROS, RJ

N151c
3. ed.

　Najman, Yara
　　Caligrafia, volume 1 / Yara Najman, Vera Calabria. - 3. ed. - São Paulo : IBEP, 2015.
　　　il. ; 28 cm.　　(Eu gosto mais)

　　ISBN 9788534244510 (aluno) / 9788534244527 (mestre)

　　1. Caligrafia - Técnica. 2. Escrita. 3. Caligrafia - História. I. Calabria, Vera. II. Título. III. Série.

15-23028
　　　　　　CDD: 745.61
　　　　　　CDU: 003.076

22/05/2015　29/05/2015

3ª edição – São Paulo – 2015
Todos os direitos reservados

Av. Alexandre Mackenzie, 619 – Jaguaré
São Paulo – SP – 05322-000 – Brasil – Tel.: (11) 2799-7799
www.editoraibep.com.br　　editoras@ibep-nacional.com.br

APRESENTAÇÃO

Querido aluno, querida aluna,

Que maravilha saber que vamos trabalhar juntos durante todo este ano letivo!

A coleção **Eu gosto m@is** foi elaborada e desenvolvida para crianças como você.

A cada assunto apresentamos uma novidade, uma imagem interessante e atividades, tudo para enriquecer ainda mais seu conhecimento.

Dessa forma, esperamos que você conheça melhor o ambiente em que vive e contribua na construção de um mundo mais fraterno.

Aproveite os ensinamentos de seu livro e cuide dele muito bem, pois será seu companheiro no dia a dia.

Um grande abraço,

Yara e Vera

SUMÁRIO

LIÇÃO		PÁGINA
1	Vamos começar!	6
2	Vamos conhecer o alfabeto	19
3	As vogais a, e, i, o, u	21
4	Encontros vocálicos	27
5	As consoantes	29
6	Palavras com k, w, y	33
7	As sílabas ba, be, bi, bo, bu	35
8	As sílabas ca, co, cu	38
9	As sílabas da, de, di, do, du	40
10	As sílabas fa, fe, fi, fo, fu	43
11	As sílabas ga, go, gu	45
12	Palavras que começam com ha, he, hi, ho, hu	48
13	As sílabas ja, je, ji, jo, ju	49
14	As sílabas la, le, li, lo, lu	51
15	As sílabas ma, me, mi, mo, mu	53
16	As sílabas na, ne, ni, no, nu	56
17	As sílabas pa, pe, pi, po, pu	59
18	As sílabas qua, quo	62
19	As sílabas que, qui	64
20	As sílabas ra, re, ri, ro, ru	66
21	As sílabas sa, se, si, so, su	69
22	As sílabas ta, te, ti, to, tu	71

23	As sílabas va, ve, vi, vo, vu	74
24	As sílabas xa, xe, xi, xo, xu	77
25	As sílabas za, ze, zi, zo, zu	80
26	As sílabas ce, ci	83
27	As sílabas ça, ço, çu	85
28	As sílabas ge, gi	87
29	Palavras com gue, gui	89
30	Palavras com ar, er, ir, or, ur	91
31	Palavras com rr	93
32	Palavras com r entre vogais	95
33	Palavras com as, es, is, os, us	97
34	Palavras com ss	99
35	Palavras com s entre vogais ou palavras com s e som de z	101
36	Palavras com az, ez, iz, oz, uz	103
37	Palavras com al, el, il, ol, ul	104
38	Palavras com ão, ã, ões, ãos	106
39	Palavras com an, en, in, on, un ou palavras com **n** depois de vogais	107
40	Palavras com am, em, im, om, um ou palavras com m antes de p e b	109
41	Palavras com nha, nhe, nhi, nho, nhu	111
42	Palavras com lha, lhe, lhi, lho, lhu	113
43	Palavras com cha, che, chi, cho, chu	115
44	Palavras com bl, cl, fl, gl, pl, tl	117
45	Palavras com br, cr, dr, fr, gr, tr, vr	119

LIÇÃO 1

Vamos começar!

PASSARINHO BONITINHO,
DE ONDE VENS, PARA ONDE VAIS
TÃO SOZINHO?
MEU DESEJO
É DE VOAR COMO TU, PASSARINHO!
MAS NÃO PODES LER NO LIVRO.
EU, PORÉM, JÁ SEI, JÁ SEI!
E ALGUM DIA, QUE ALEGRIA!
MUITO MAIS LIVROS LEREI!

DOMÍNIO PÚBLICO.

# ATIVIDADES

1 Desenhe o voo do passarinho.

2 Cubra os pingos da chuva.

3 Cubra o caminho que a bola vai fazer.

4 Desenhe algumas molas.

 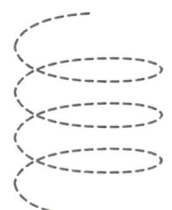

5 Faça como no modelo.

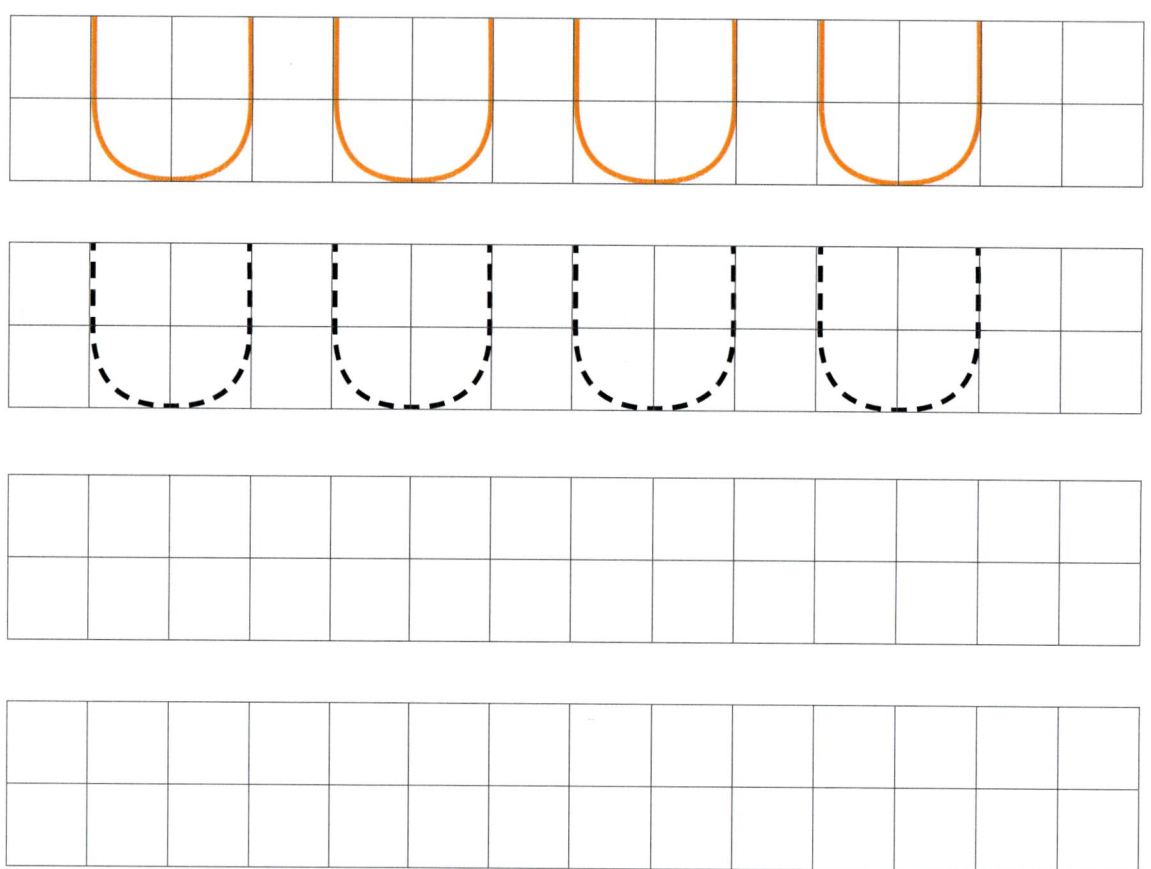

6 Leve a abelha Maribel até o favo de mel.

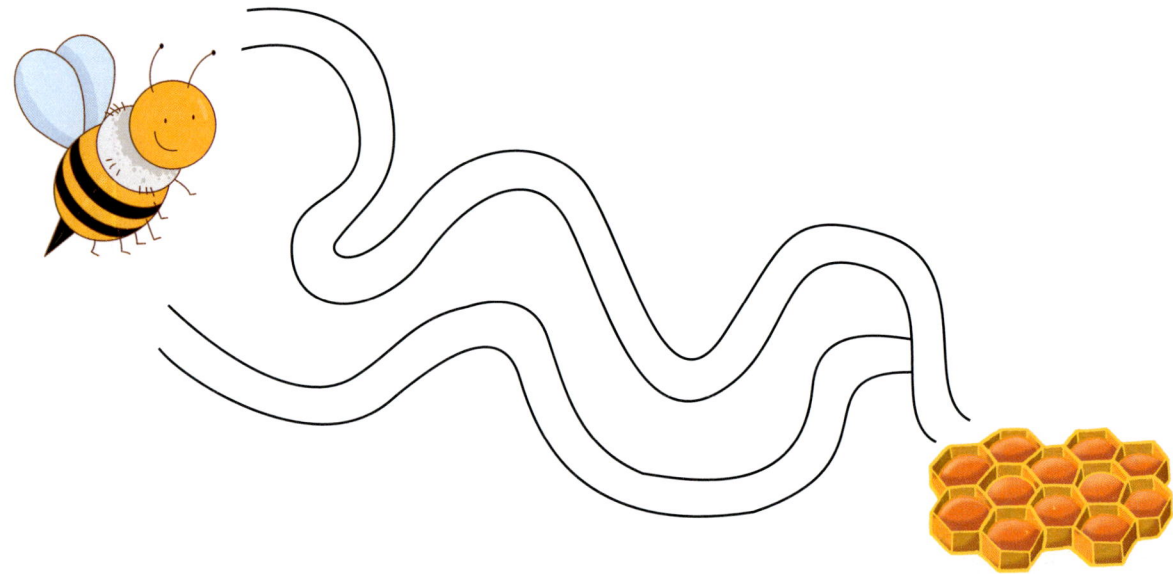

7 Faça como no modelo.

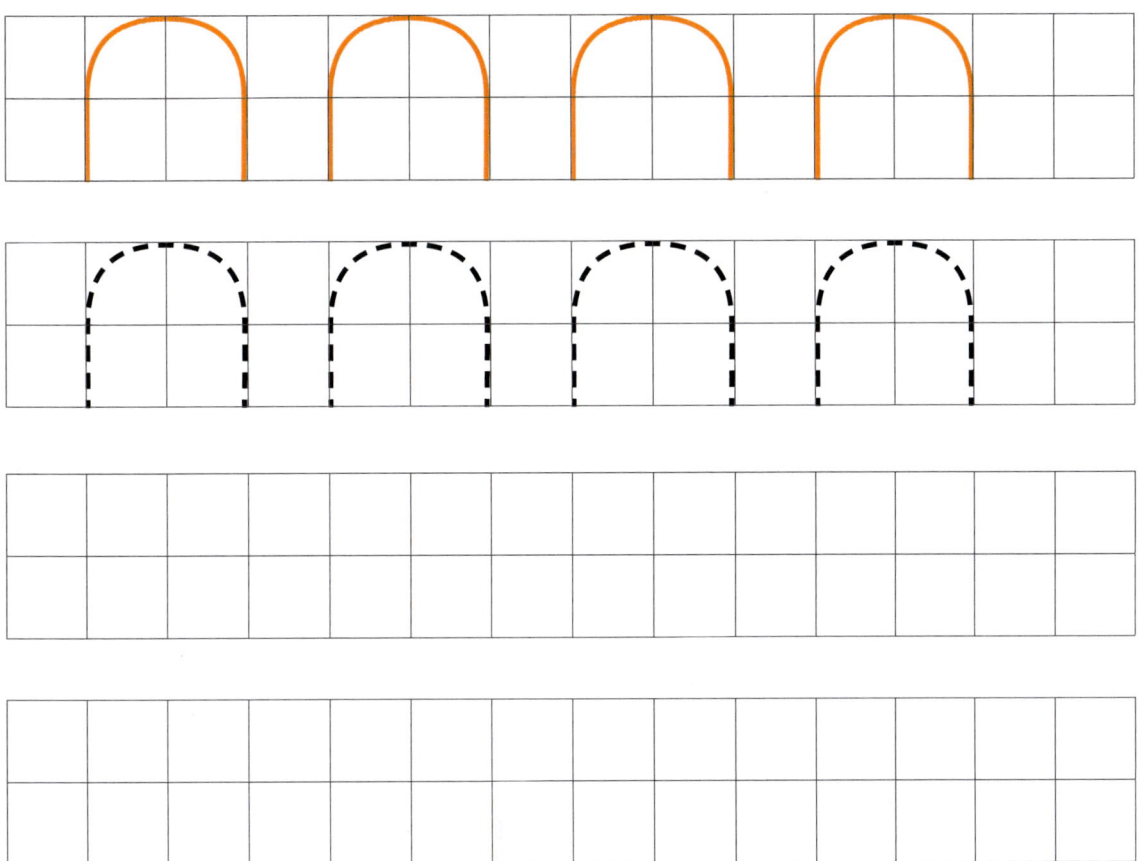

8 Leve o pato até o lago.

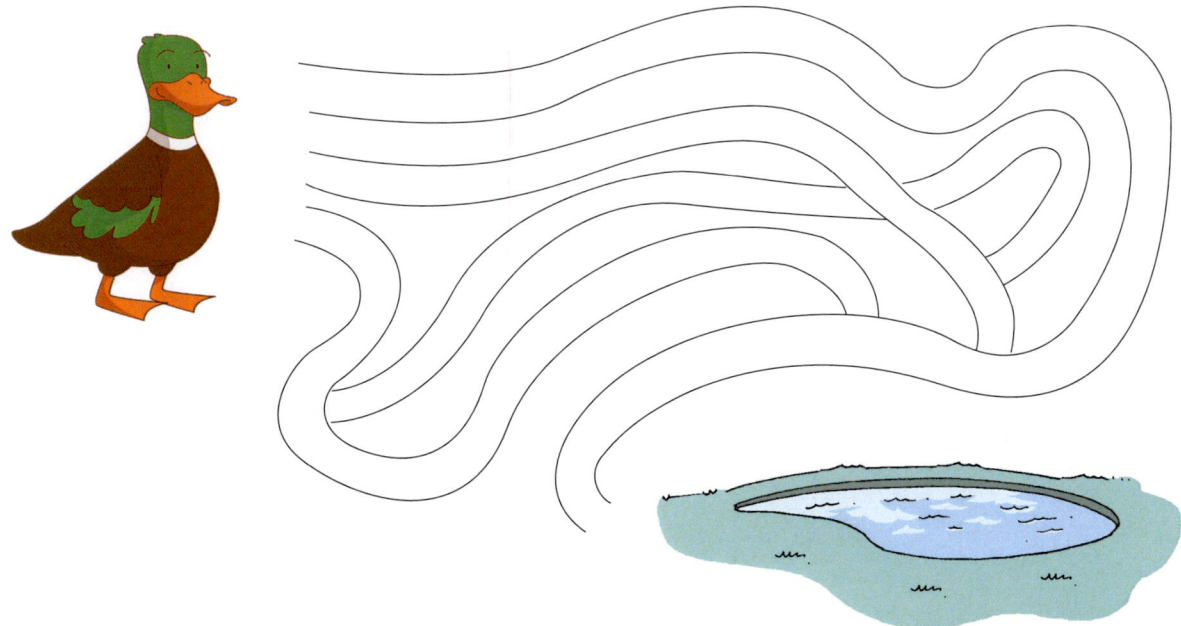

9 Faça como no modelo.

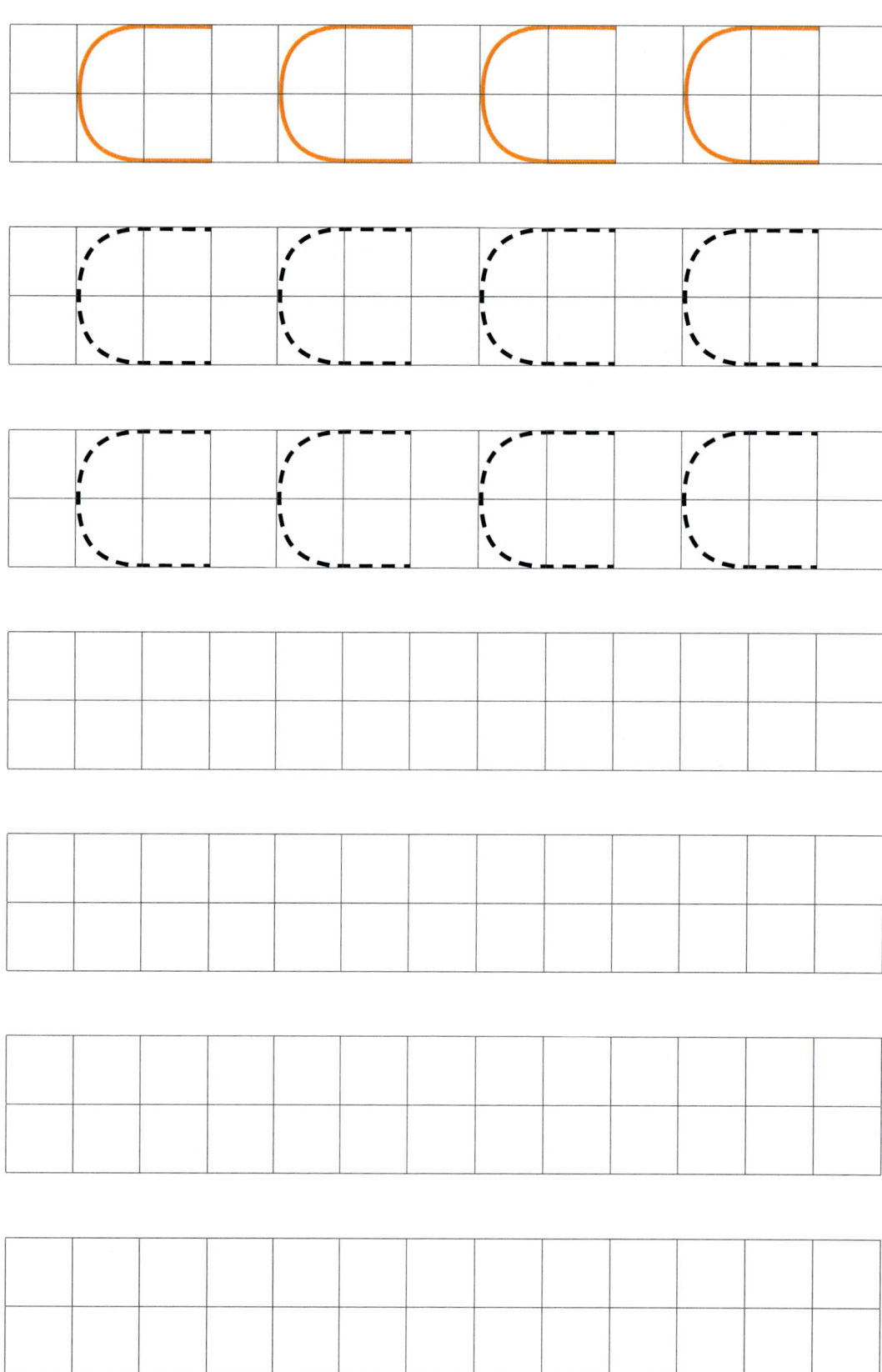

10 Faça como no modelo.

11 Faça como no modelo.

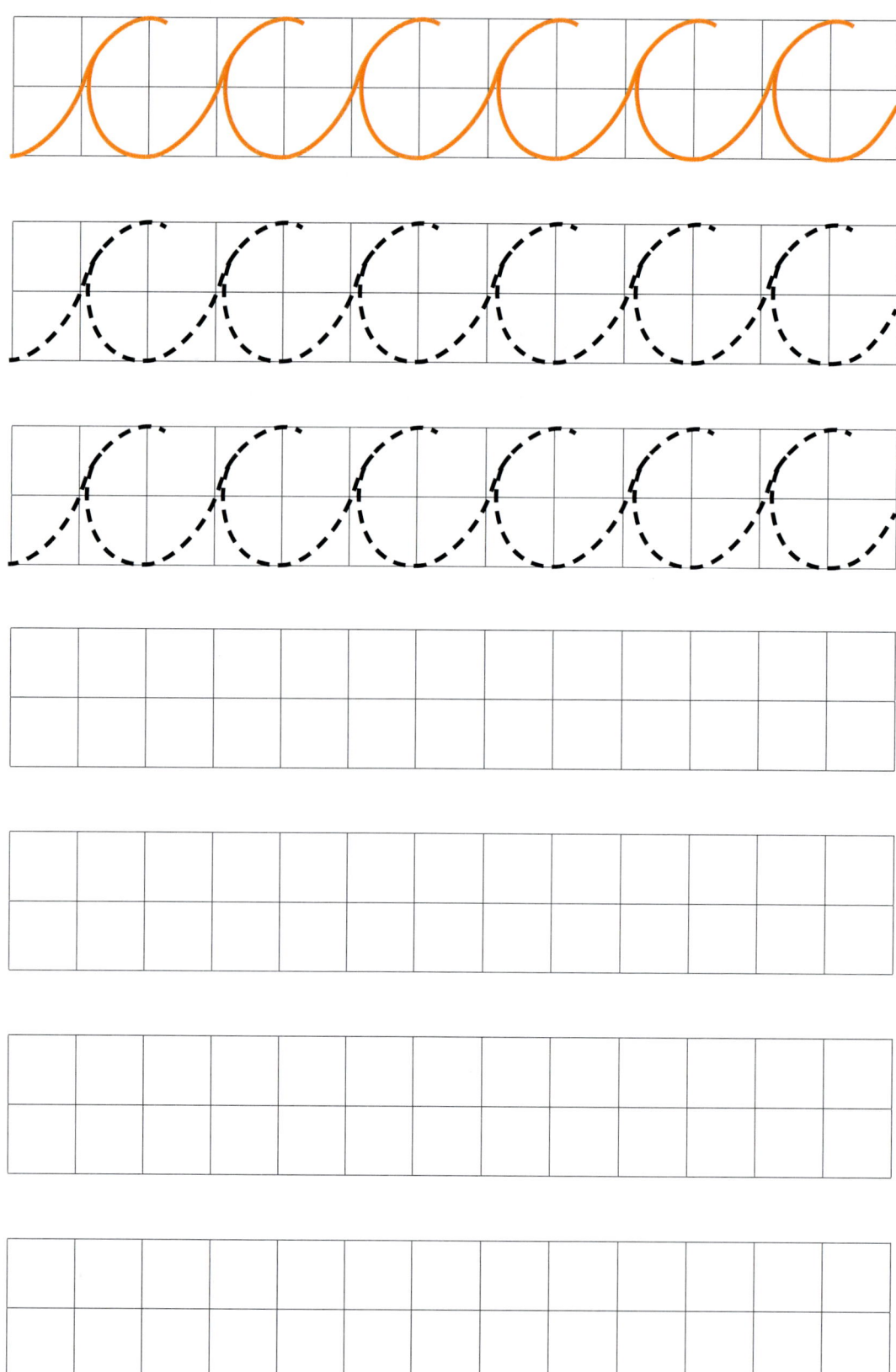

12 Faça como no modelo.

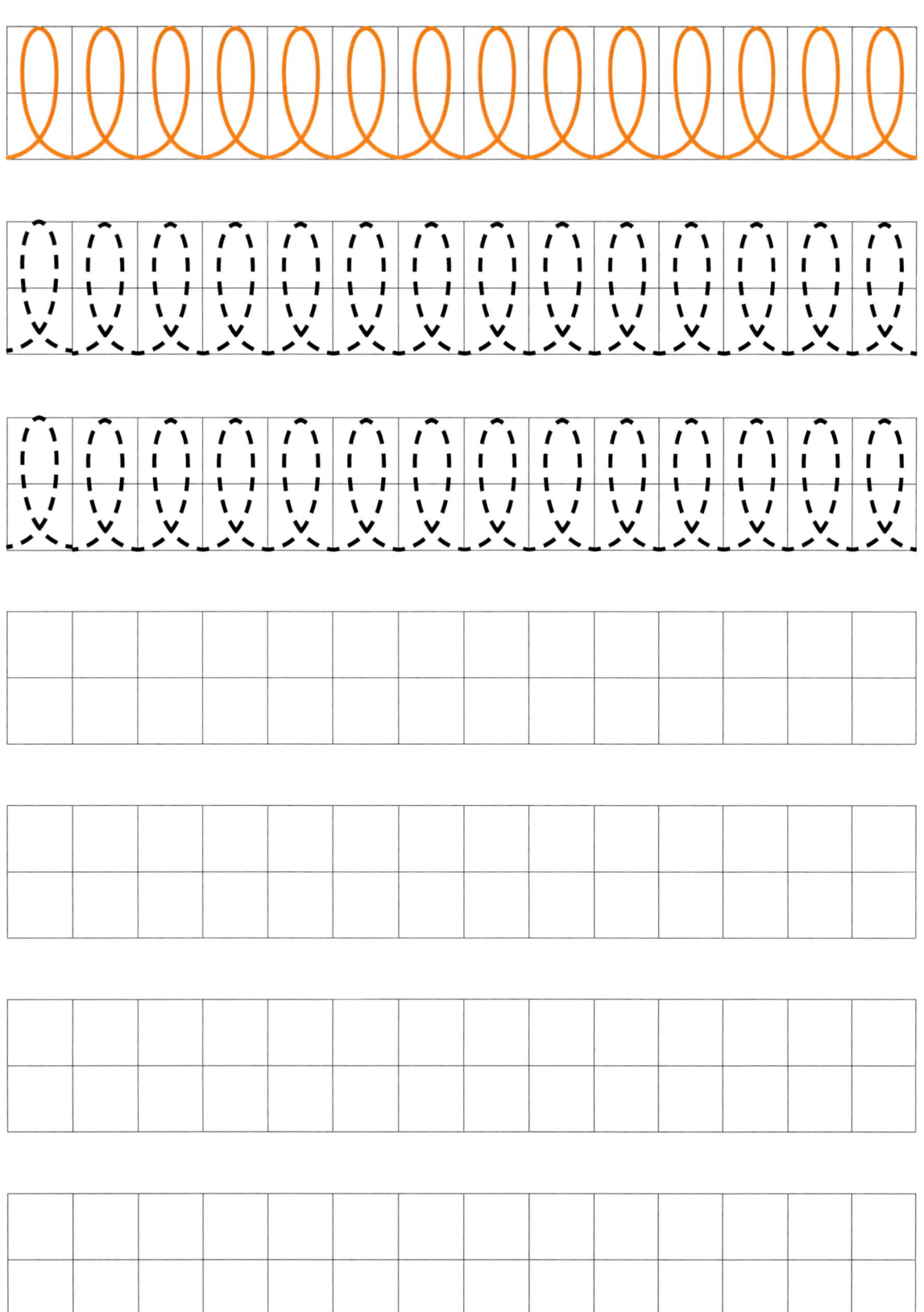

13 Faça como no modelo.

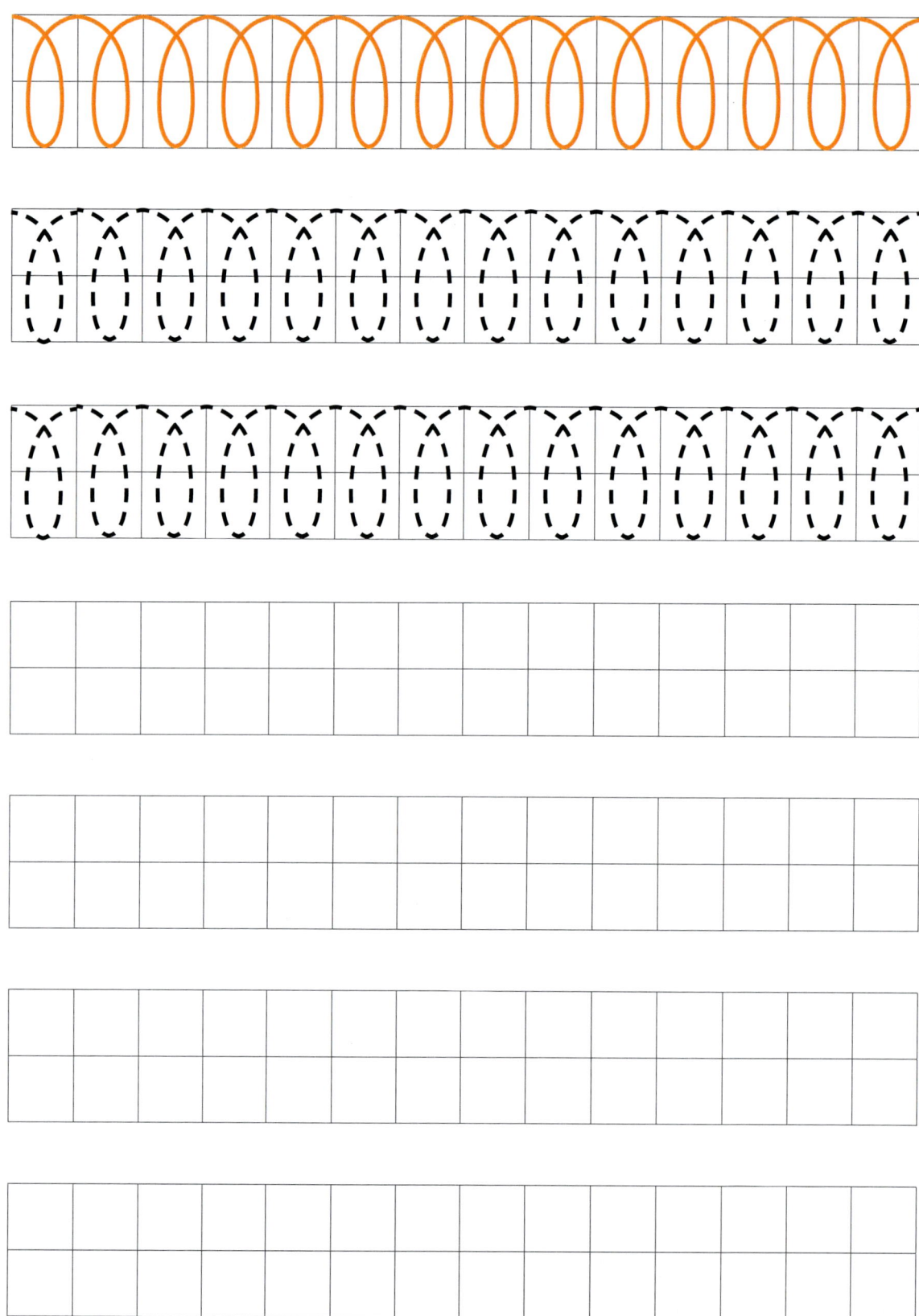

14 Faça como no modelo.

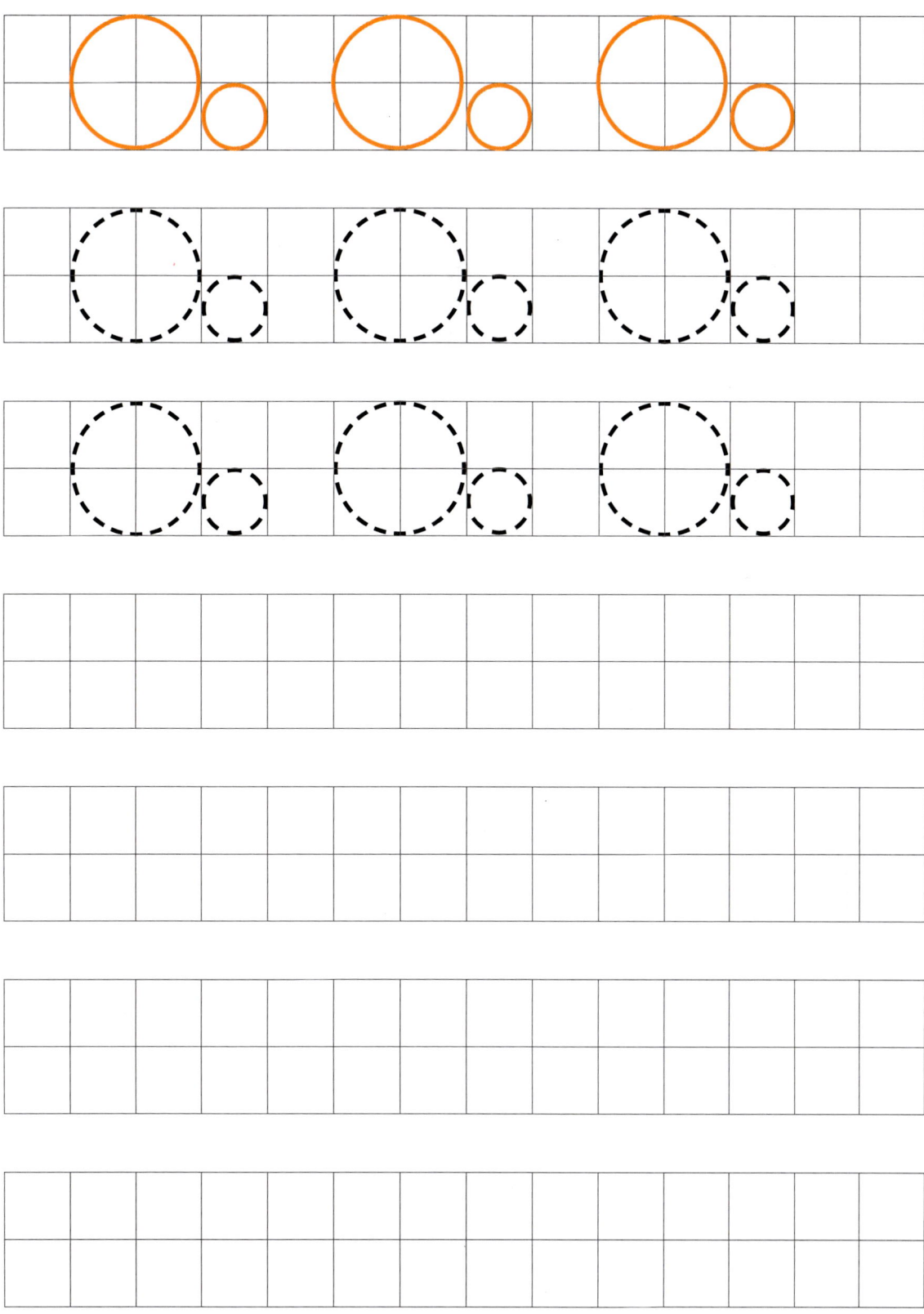

15 Faça como no modelo.

LIÇÃO 2

Vamos conhecer o alfabeto

O alfabeto tem 26 letras. As letras podem ser maiúsculas ou minúsculas.

ABACAXI
A a
A a

BALEIA
B b
B b

COCO
C c
C c

DADO
D d
D d

ELEFANTE
E e
E e

FACA
F f
F f

GATO
G g
G g

HOMEM
H h
H h

INDÍGENA
I i
I i

JARRA
J j
J j

KIWI
k k
K k

LÁPIS
L l
L l

MACACO
M m

NAVIO
N n
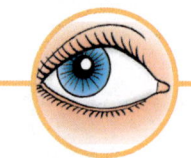
OLHO
O o

PATO
P p

QUEIJO
Q q

RÁDIO
R r

SAPO
S s

TESOURA
T t

UVA
U u

VIOLÃO
V v

WANESSA
W w

XÍCARA
X x

YURI
Y y

ZEBRA
Z z

CALIGRAFIA

LIÇÃO 3

As vogais a, e, i, o, u

> Você sabia que em toda palavra que escrevemos usamos uma vogal ou mais?

Observe as letras em destaque.

 arara  uva  ovo

 boi   escola   ilha

As letras **A**, **E**, **I**, **O** e **U** são chamadas **vogais**.

ATIVIDADE

Pinte as vogais que aparecem nos nomes das figuras.

 ave  ema  ioiô

 ovo  uva  azeitona

Vogal A

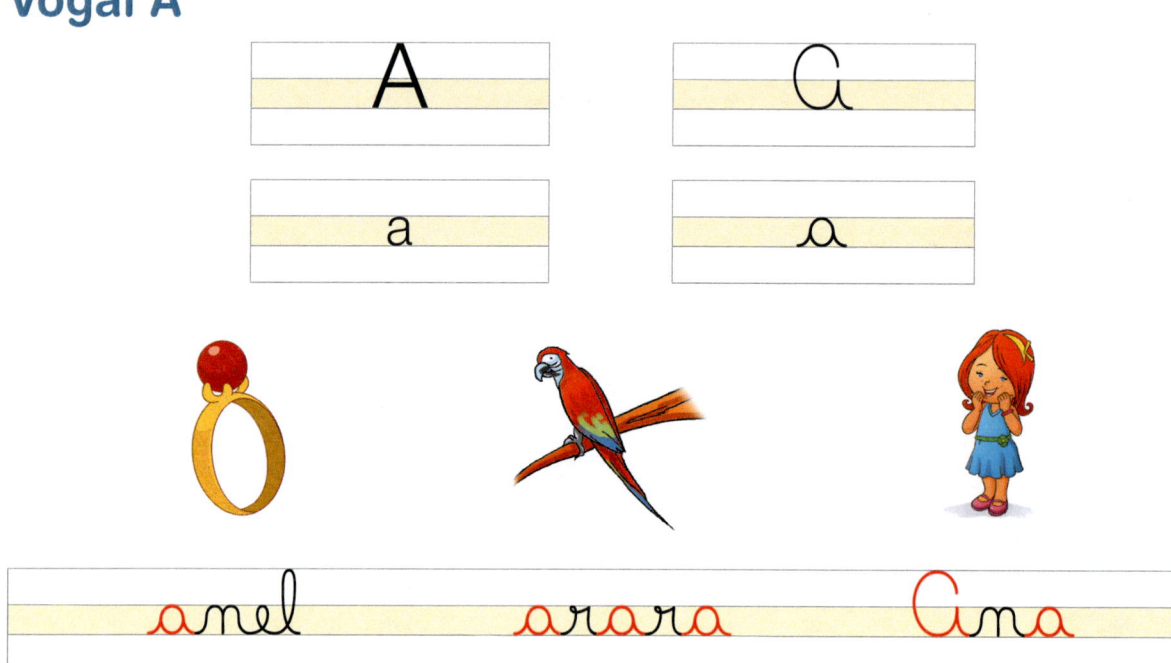

ATIVIDADES

1 Complete as linhas abaixo com a letra a.

2 Circule as figuras cujos nomes começam com a.

abacaxi   bota   abóbora   aro

Vogal E

E	$\mathcal{E}$
e	$\mathcal{e}$

elefante   ema   Edu

ATIVIDADES

1 Complete as linhas abaixo com a letra $\mathcal{e}$.

$\mathcal{e}$ $\mathcal{e}$ $\mathcal{e}$

$\mathcal{E}$ $\mathcal{E}$ $\mathcal{E}$

2 Pinte as figuras cujos nomes começam com $\mathcal{e}$.

elefante   cão   estrela   escada

23

Vogal I

I   I

i   i

ioiô   ilha   Iara

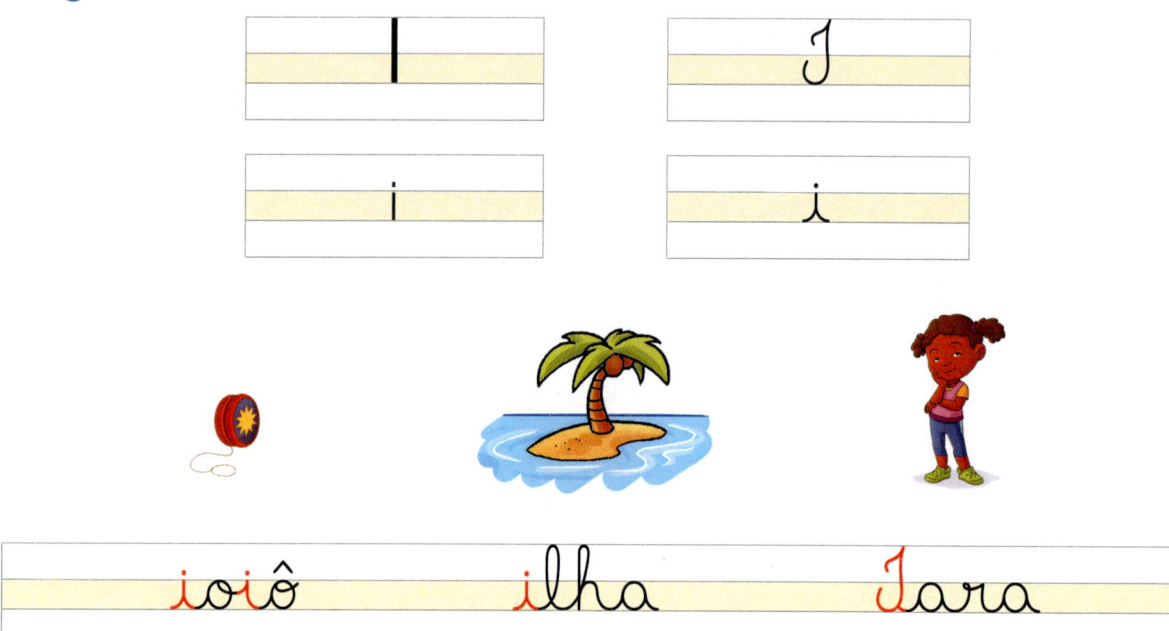

ATIVIDADES

1 Complete as linhas abaixo com a letra i.

i i i

I I I

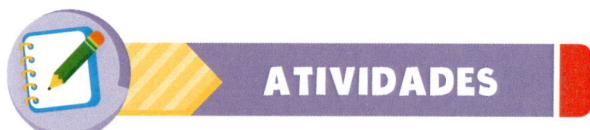

2 Circule as figuras cujos nomes começam com i.

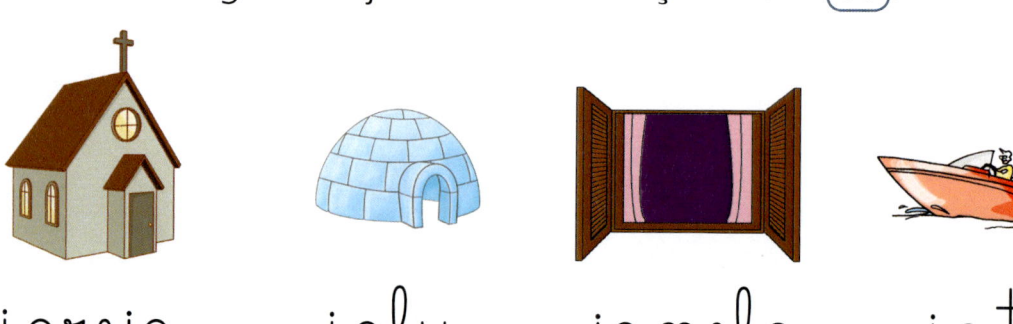

igreja

iglu

janela

iate

Vogal O

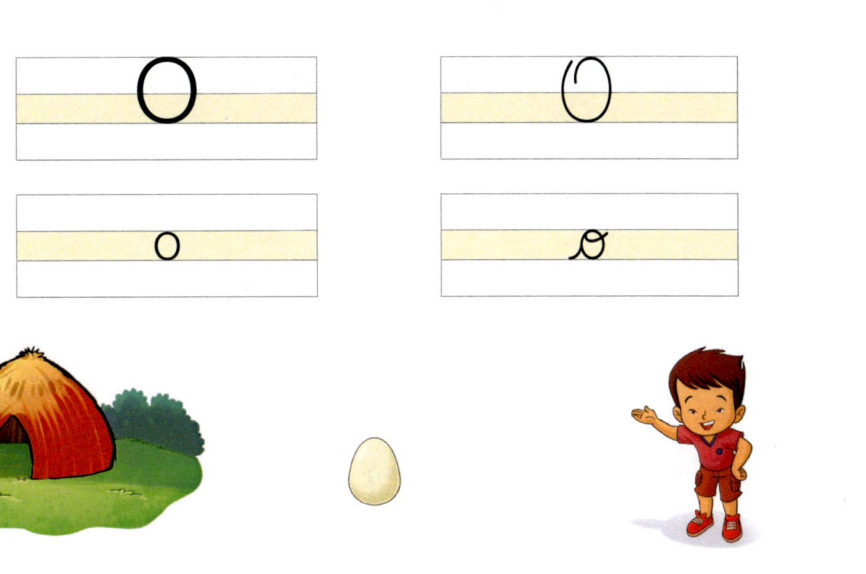

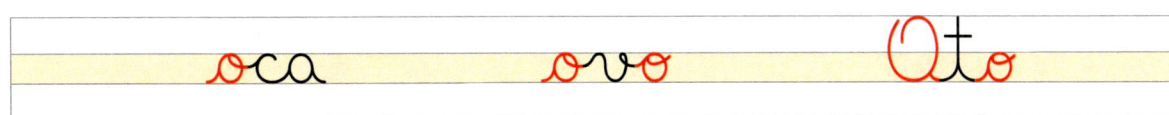

ATIVIDADES

1 Complete as linhas abaixo com a letra O.

2 Pinte as figuras cujos nomes começam com O.

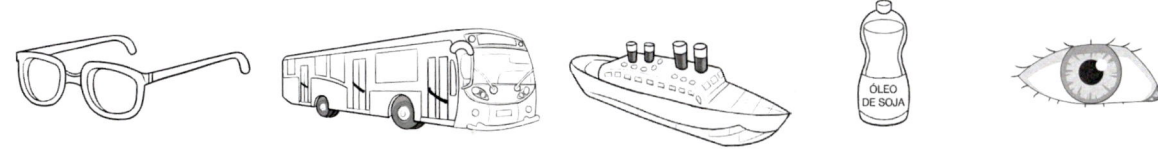

Vogal U

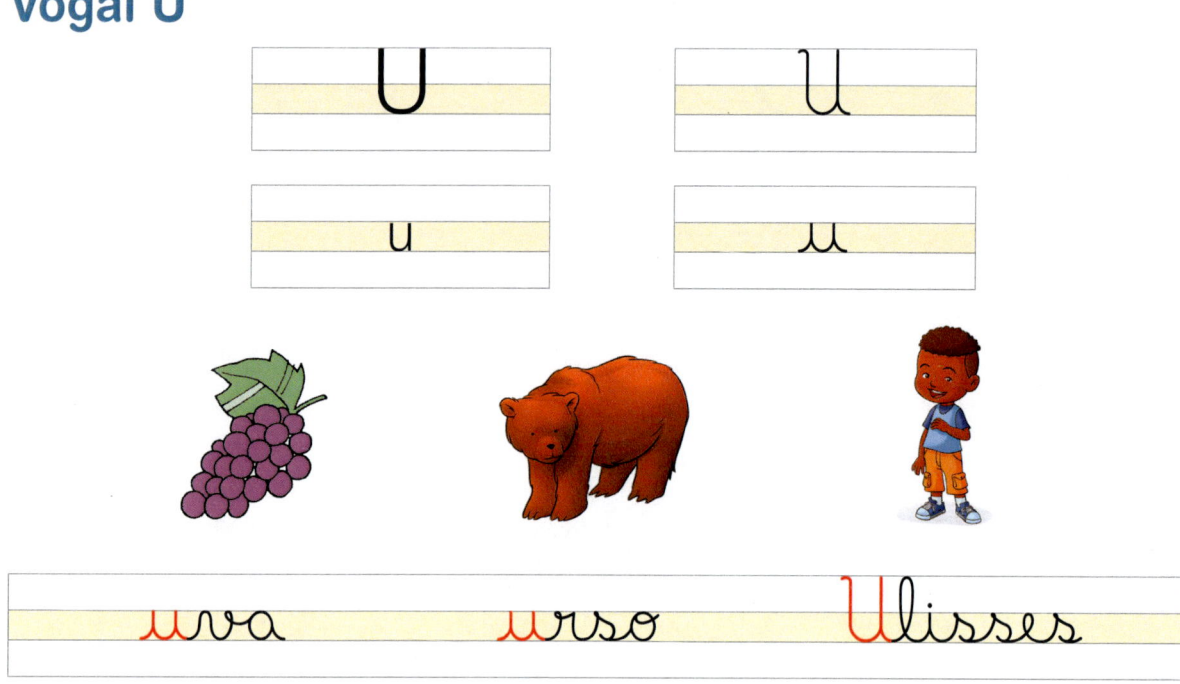

ATIVIDADES

1. Complete as linhas abaixo com a letra .

2. Circule as figuras cujos nomes começam com u.

unha   um   tucano   urubu

LIÇÃO 4 — Encontros vocálicos

Observe.

Veja, nas palavras acima, as vogais que estão juntas.
Quando temos vogais juntas, ocorre um **encontro vocálico**.

ATIVIDADES

1. Observe as cenas e sublinhe os encontros vocálicos dos balões.

UI!

EI!

OI!

AU!

27

2 Copie os encontros vocálicos.

ai

au

ei

eu

ui

oi

eia

3 Escreva os nomes das figuras.

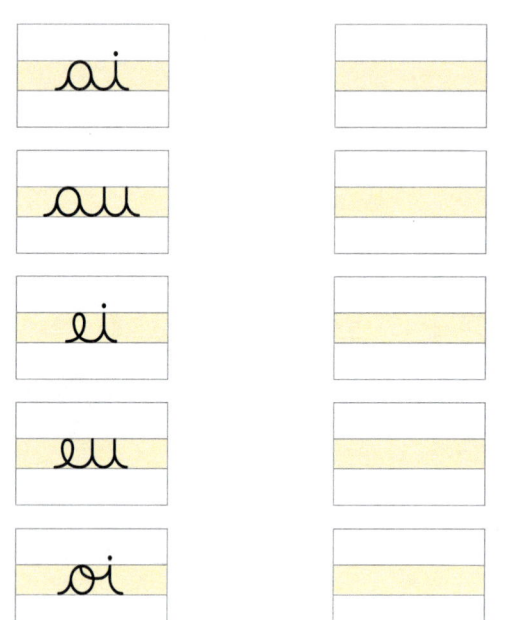

LIÇÃO 5

As consoantes

Estas são as **consoantes**.
Elas estão em **ordem alfabética** e escritas com letra minúscula.

Veja, agora, as consoantes maiúsculas.

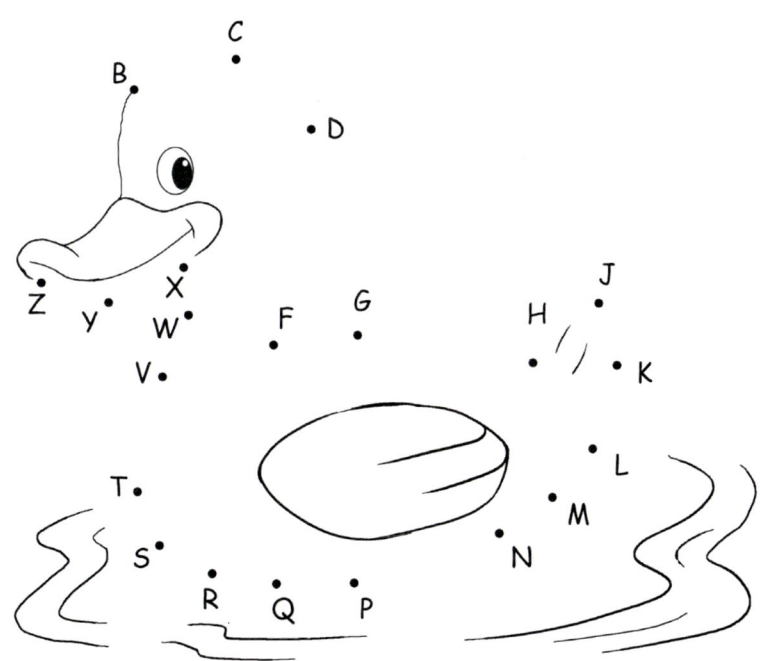

ATIVIDADES

1. Copie os nomes das pessoas a seguir.

2. Escreva seu nome.

3 Leve Mini até sua cama pelo caminho onde só há consoantes.

4 Circule as figuras cujos nomes começam com consoantes.

5 Ligue e escreva. Siga o exemplo.

6 Pinte as placas que têm palavras escritas com **ha**, **he**, **hi**, **ho** ou **hu**.

| aula | haste | dia | hotel |

| cacau | Hélio | história | humor |

LIÇÃO 6 — Palavras com k, w, y

Observe.

kiwi　　William　　yakisoba

Com o Novo Acordo Ortográfico, também fazem parte do alfabeto da Língua Portuguesa as letras **k**, **w** e **y**, que são usadas principalmente na escrita de nomes próprios e de palavras estrangeiras.

 **ATIVIDADES**

1 Copie.

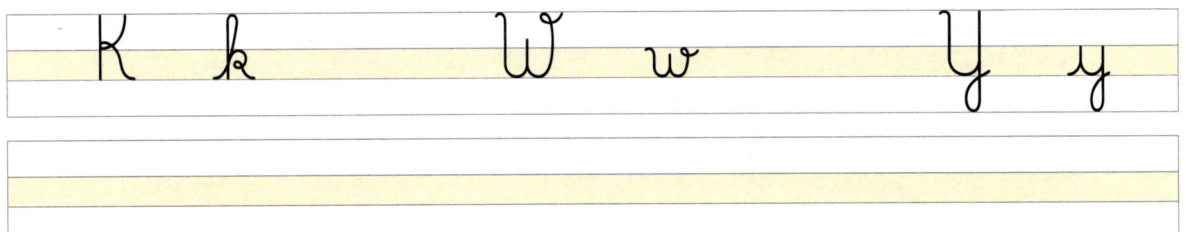

2 Pinte as fichas que contêm palavras com **k**, **w** e **y**.

Ida	William	catatu
karaokê	quitute	kiwi
Wanderley	Ivo	quibe

3 Leia e copie a frase.

Yuki e Yuri foram ao karaokê.

LIÇÃO 7 — As sílabas ba, be, bi, bo, bu

Observe.

bala   boné   buzina

1. Copie.

ba   be   bi   bo   bu

Ba   Be   Bi   Bo   Bu

35

2 Complete os nomes das figuras com as sílabas **ba**, **be**, **bi**, **bo** ou **bu**.

__ ú __   __ bê __   __ cicleta __

__ la __   __ le __

3 Ligue e escreva. Siga o exemplo.

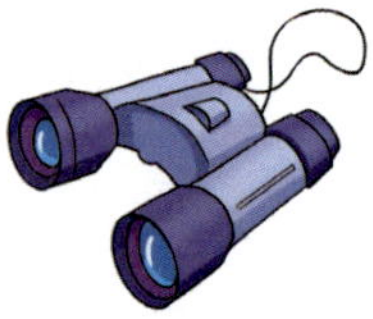

binóculo

burro

berço

banana   banana

boca

4 Copie os nomes de pessoas.

Bárbara *Beto* *Bianca*

Bernardo *Beatriz*

5 Pinte os ossos em que estão escritas palavras com as sílabas **ba**, **be**, **bi**, **bo** ou **bu**.

boiada   *dado*   *buraco*

cadeira   *cabide*   *bode*

bebê   *Bia*   *lua*

37

LIÇÃO 8 — As sílabas ca, co, cu

Observe.

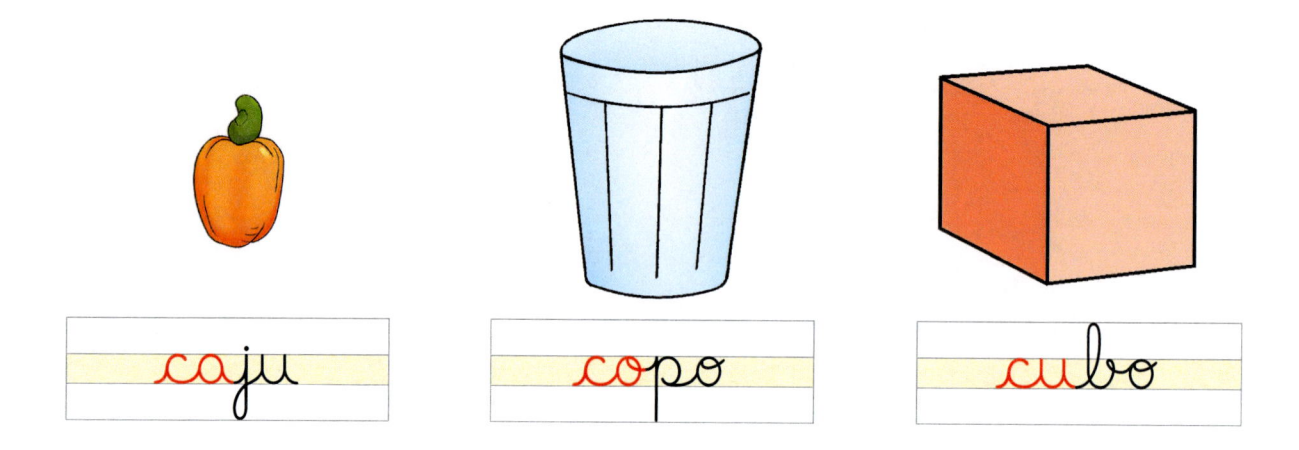

caju   copo   cubo

ATIVIDADES

1. Copie.

ca   co   cu

Ca   Co   Cu

CALIGRAFIA

2 Complete os nomes das figuras com as sílabas **ca**, **co** ou **cu**.

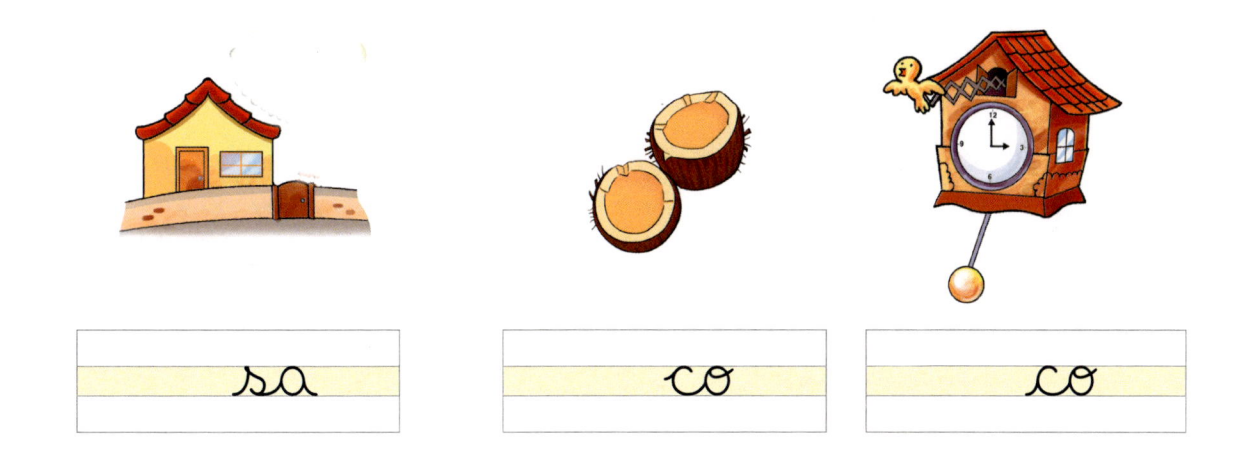

sa   co   co

3 Escreva o nome do Cacau na plaquinha e termine de pintar a casa dele.

LIÇÃO 9

As sílabas da, de, di, do, du

Observe.

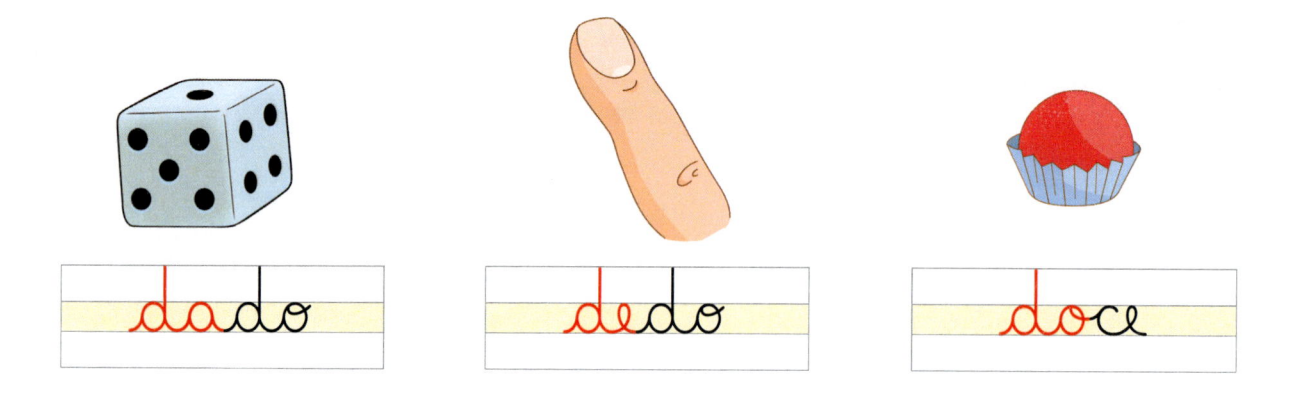

dado   dedo   doce

ATIVIDADES

1 Copie.

da   de   di   do   du

Da   De   Di   Do   Du

2 Ligue os desenhos cujos nomes começam com **da**, **de**, **di**, **do** e **du**, nesta ordem.

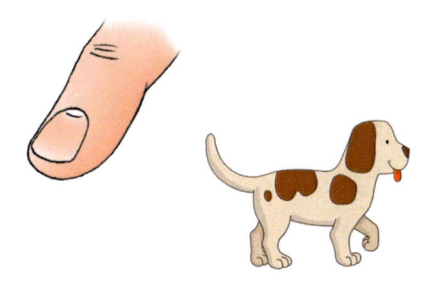

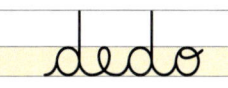

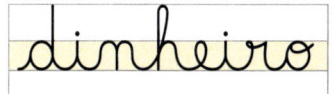

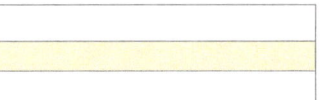

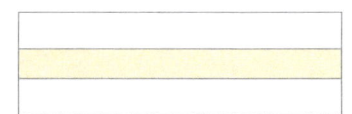

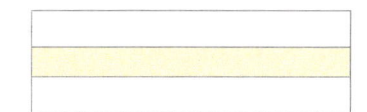

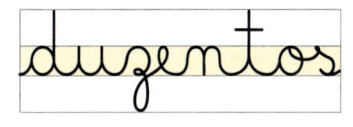

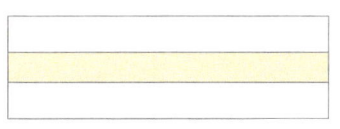

3 Agora, copie.

dado   dedo   dinheiro

doce   duzentos

4 Copie os nomes próprios a seguir.

Diego   *Dora*   *Bidu*

5 Ligue os pontos e veja o que aparece.

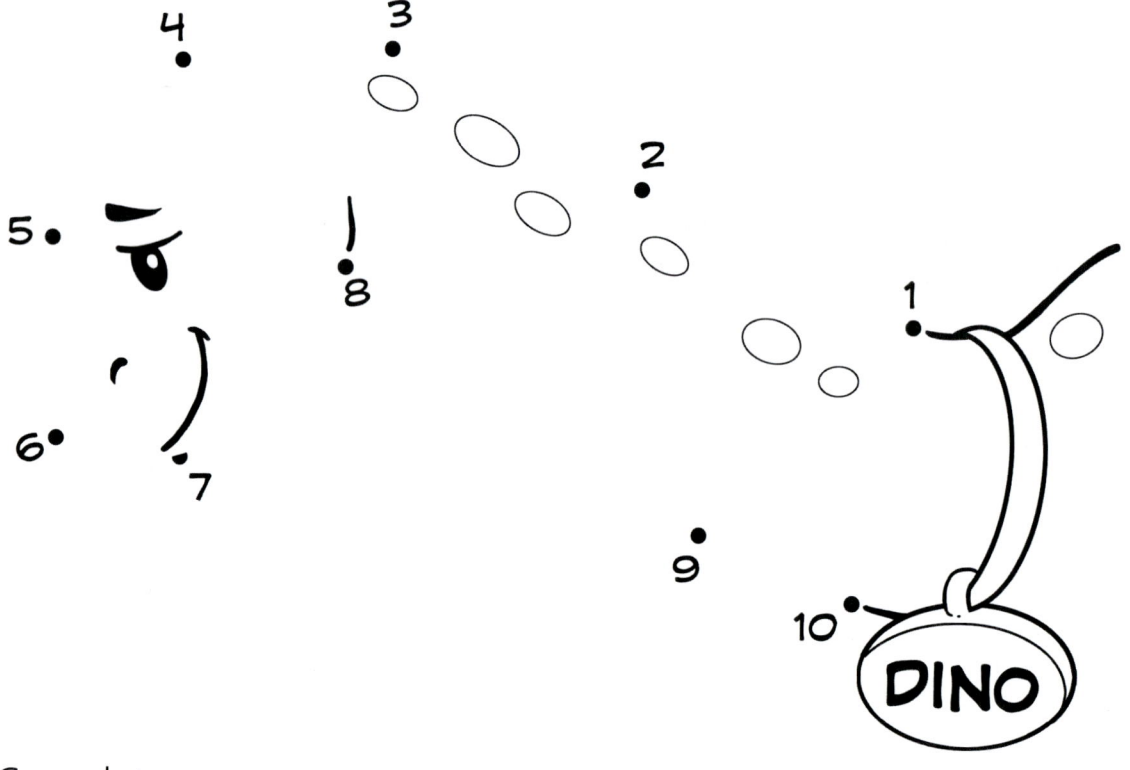

6 Complete.

_____ é um dinossauro feliz!

LIÇÃO 10

As sílabas fa, fe, fi, fo, fu

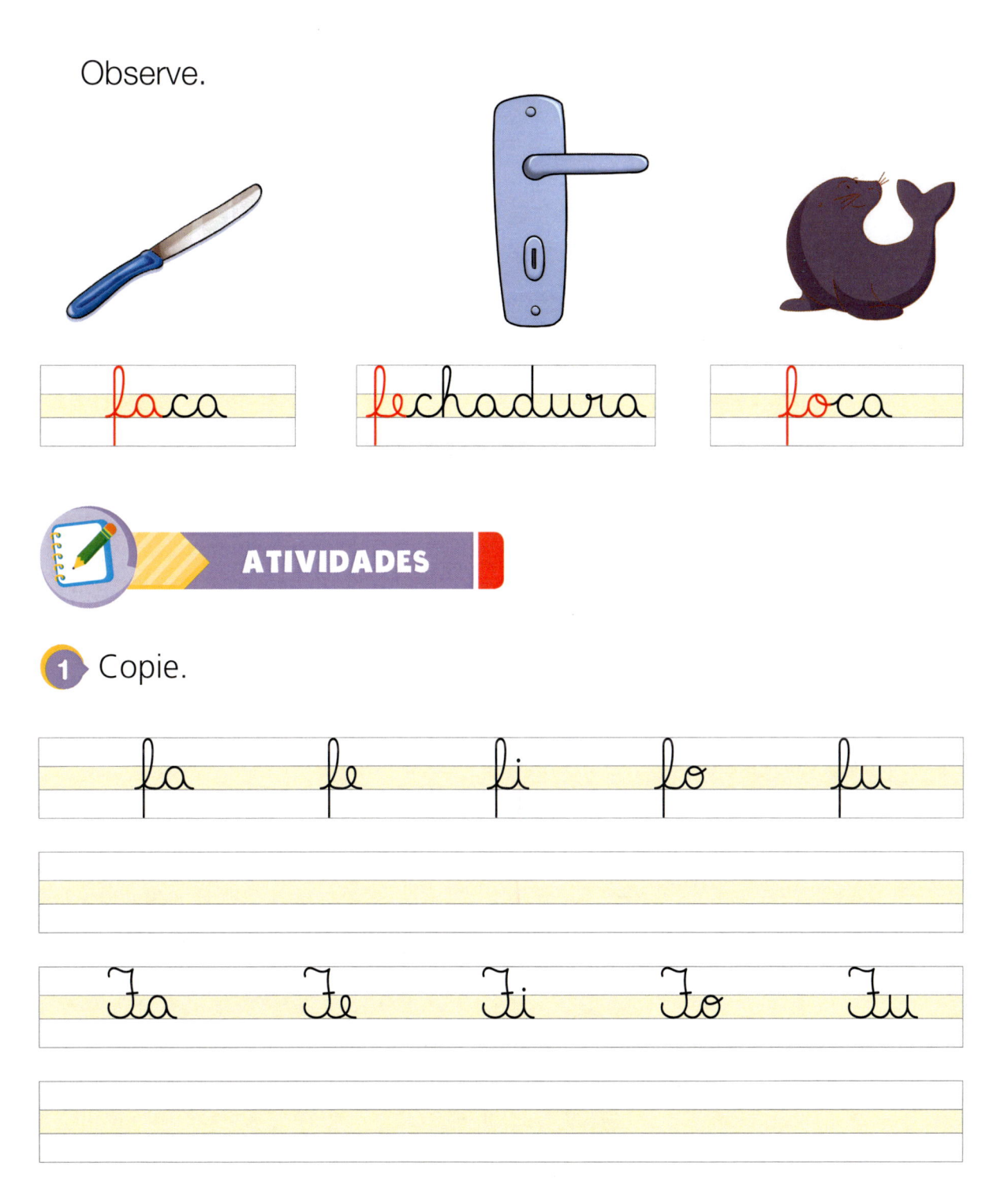

Observe.

faca   fechadura   foca

ATIVIDADES

1 Copie.

fa   fe   fi   fo   fu

Fa   Fe   Fi   Fo   Fu

2 Copie os nomes das figuras que começam com **fa**, **fe**, **fi**, **fo** ou **fu**.

faca

ferro

fita

fogueira

fubá

3 Copie.

Fifi, a foca feliz,

é um filhote.

CALIGRAFIA

LIÇÃO 11

As sílabas ga, go, gu

Observe.

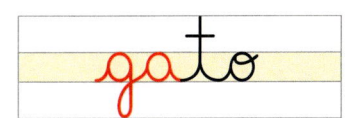

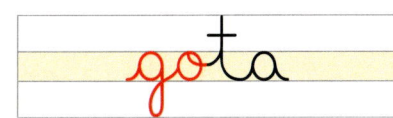

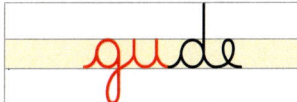

| gato | gota | gude |

ATIVIDADES

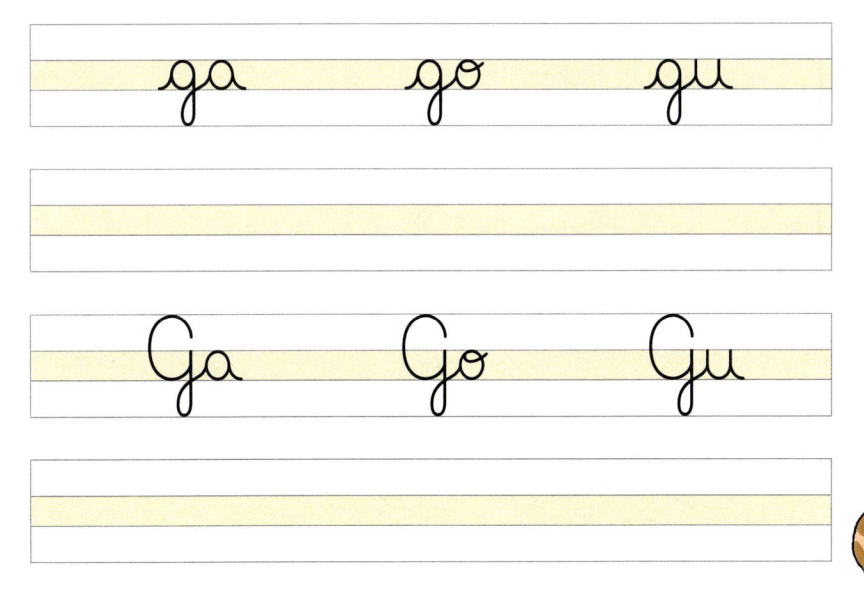

1 Copie.

ga   go   gu

Ga   Go   Gu

2 Ligue e escreva. Siga o exemplo.

gaiola

Guto

goiaba

galo — galo

gota

gude

3 Troque as figuras pelos seus nomes e escreva a frase.

A 🐱 Gaia não gosta de 🪺.

4 Coloque as letras em ordem e forme os nomes das figuras.

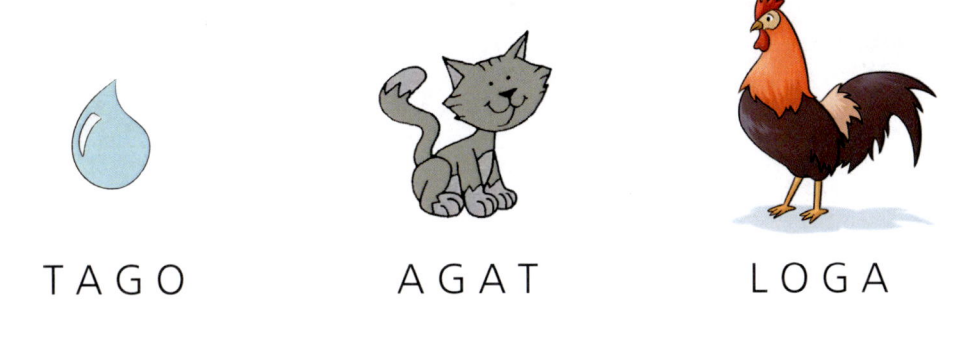

TAGO   AGAT   LOGA

_____   _____   _____

5 Leve a gata até seus filhotes pelo caminho de palavras com as sílabas **ga**, **go** ou **gu**.

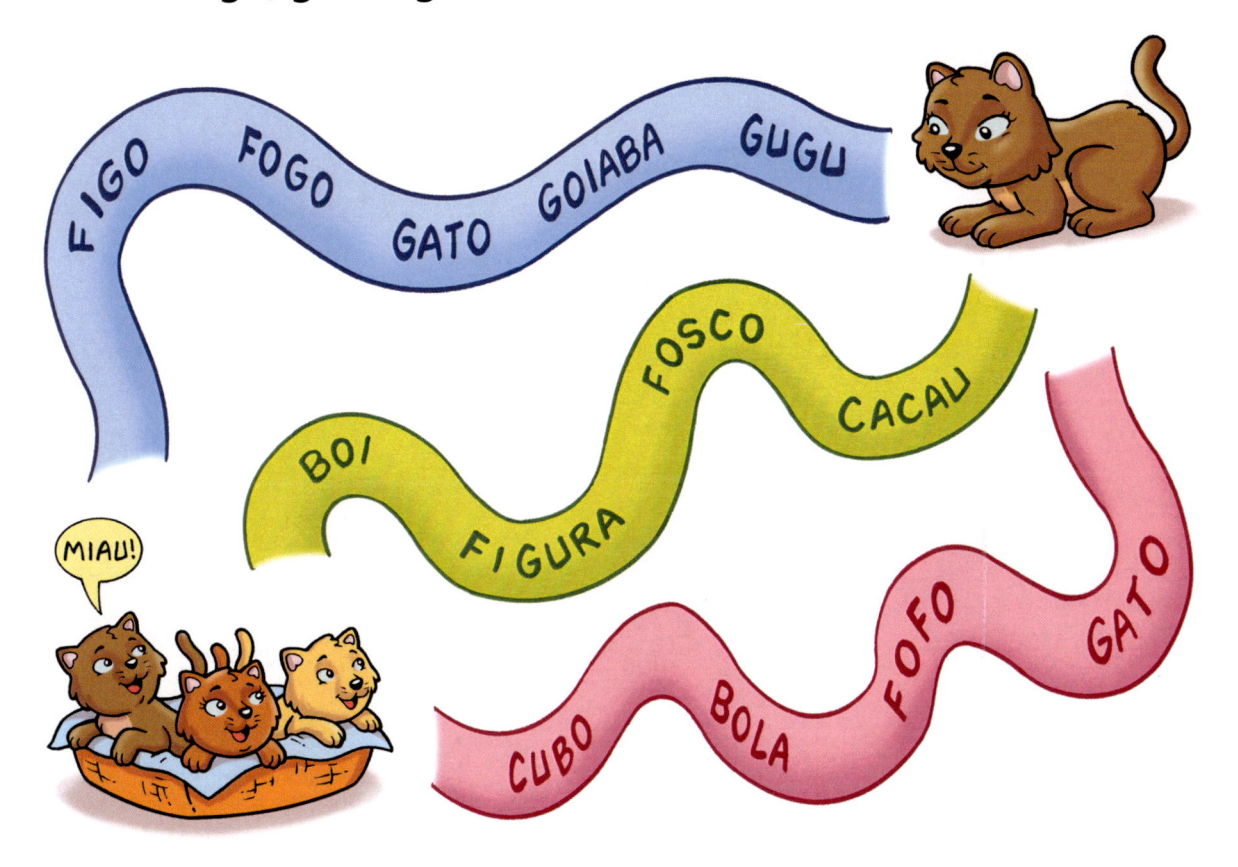

FIGO   FOGO   GATO   GOIABA   GUGU

BOI   FOSCO   CACAU   FIGURA

MIAU!

CUBO   BOLA   FOFO   GATO

6 Dê nomes para os filhotes.

_____   _____   _____

LIÇÃO 12
Palavras que começam com ha, he, hi, ho, hu

Observe.

harpa   *hipopótamo*   *homem*

ATIVIDADE

Copie.

ha   he   hi   ho   hu

Ha   He   Hi   Ho   Hu

LIÇÃO 13

As sílabas ja, je, ji, jo, ju

Observe.

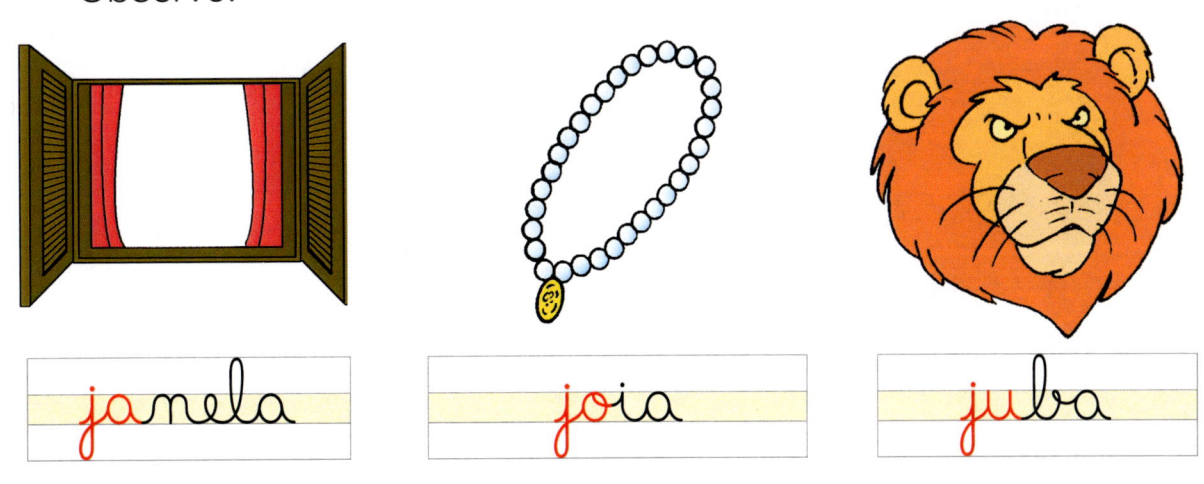

janela   joia   juba

ATIVIDADES

1 Copie.

ja   je   ji   jo   ju

Ja   Je   Ji   Jo   Ju

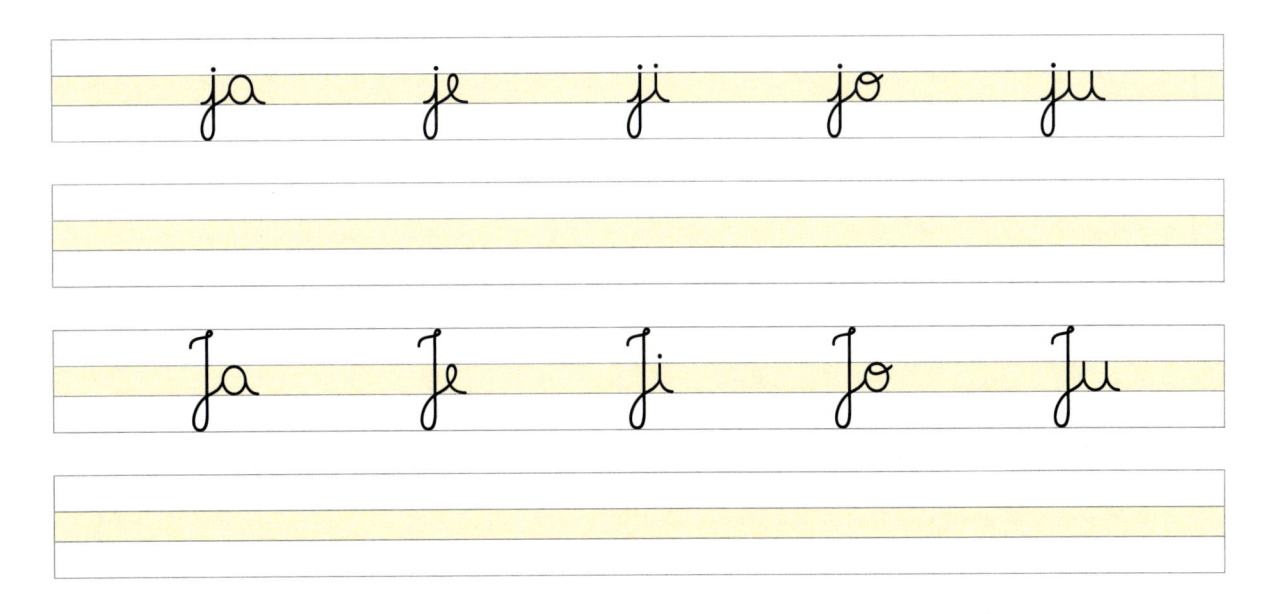

2 Copie os nomes das figuras.

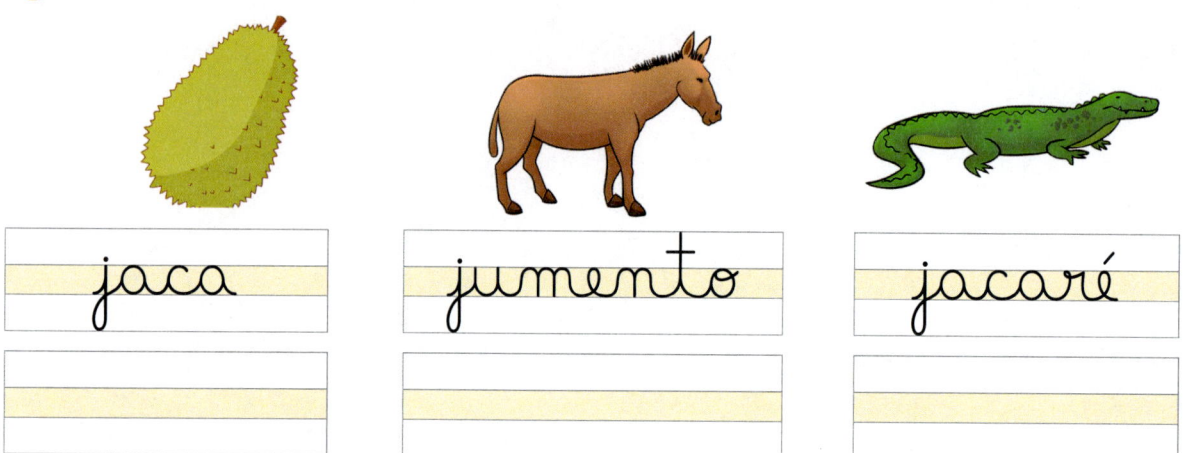

jaca   jumento   jacaré

3 Forme palavras com as sílabas abaixo.

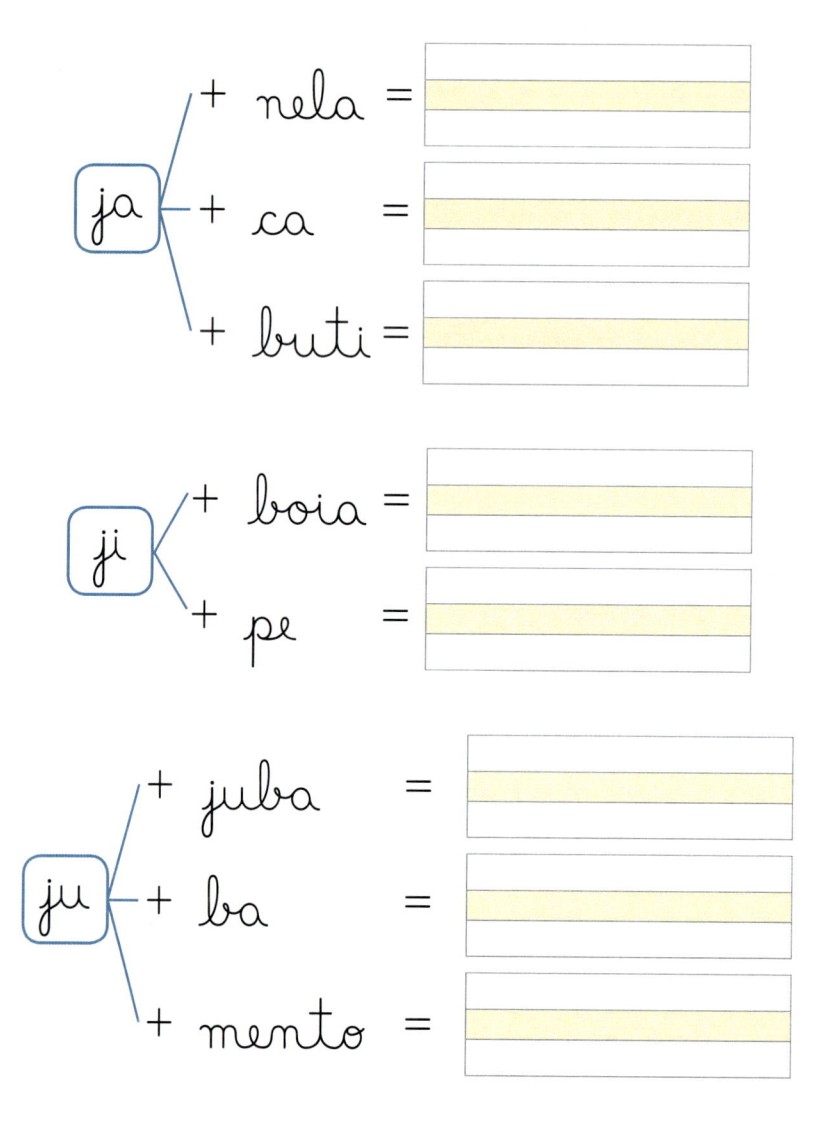

ja + nela =
ja + ca =
ja + buti =

ji + boia =
ji + pe =

ju + juba =
ju + ba =
ju + mento =

LIÇÃO 14

As sílabas la, le, li, lo, lu

Observe.

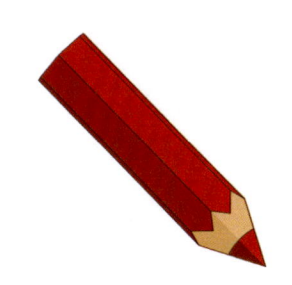

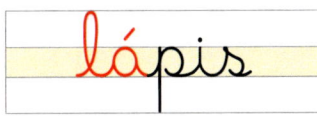

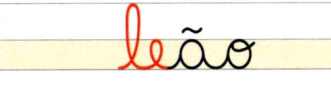

lápis   *leão*   *limão*

ATIVIDADES

1 Copie.

la   le   li   lo   lu

La   Le   Li   Lo   Lu

2 Pinte as latas que contêm palavras escritas com **la**, **le**, **li**, **lo** ou **lu**.

meia — gola — baleia — hotel

lobo — bule — limão — cola

3 Pinte os espaços com **la**, **le**, **li**, **lo** ou **lu** e veja o que aparece.

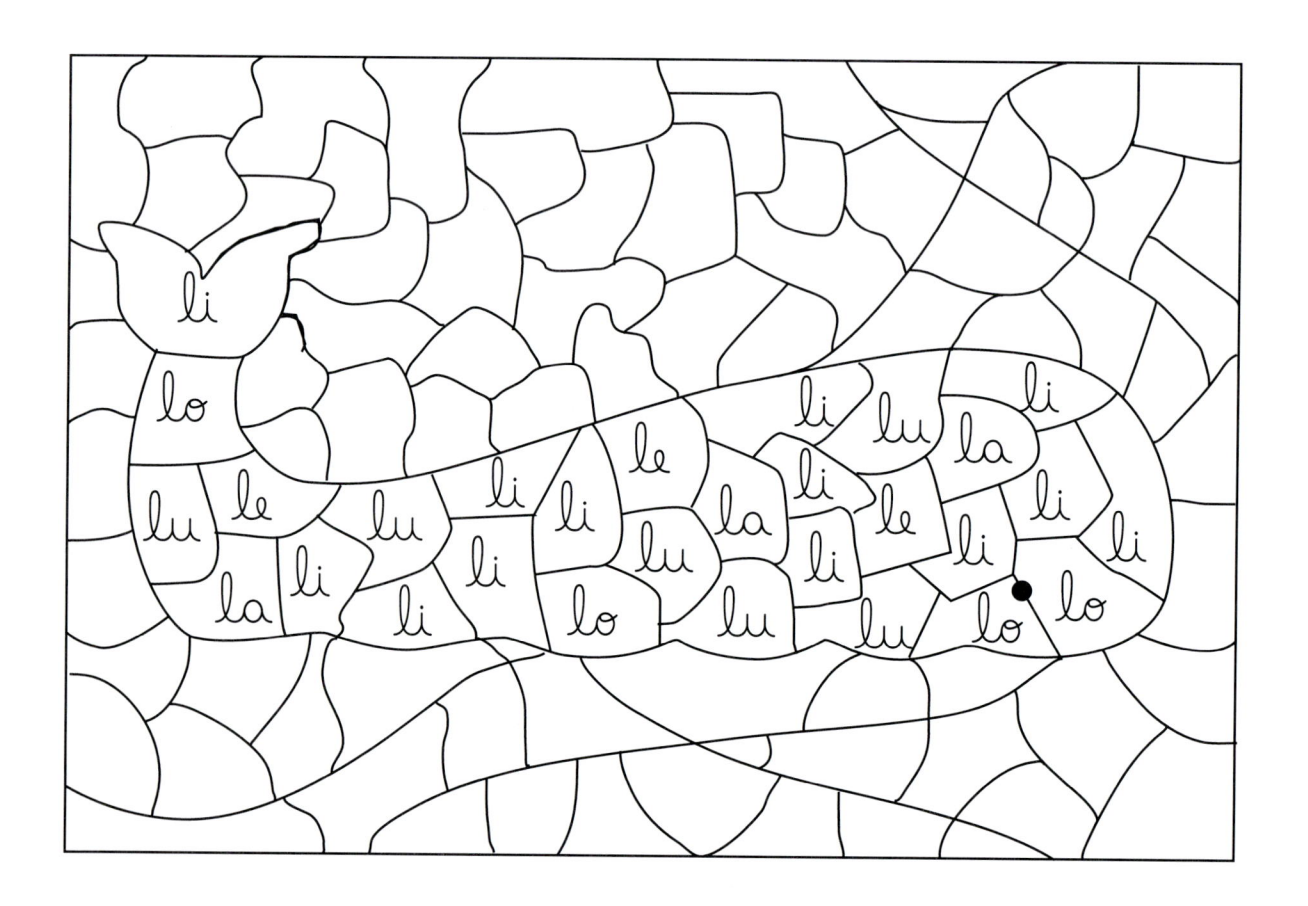

LIÇÃO 15

As sílabas ma, me, mi, mo, mu

Observe.

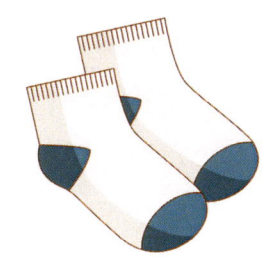

macaco   **me**ias   **mo**la

ATIVIDADES

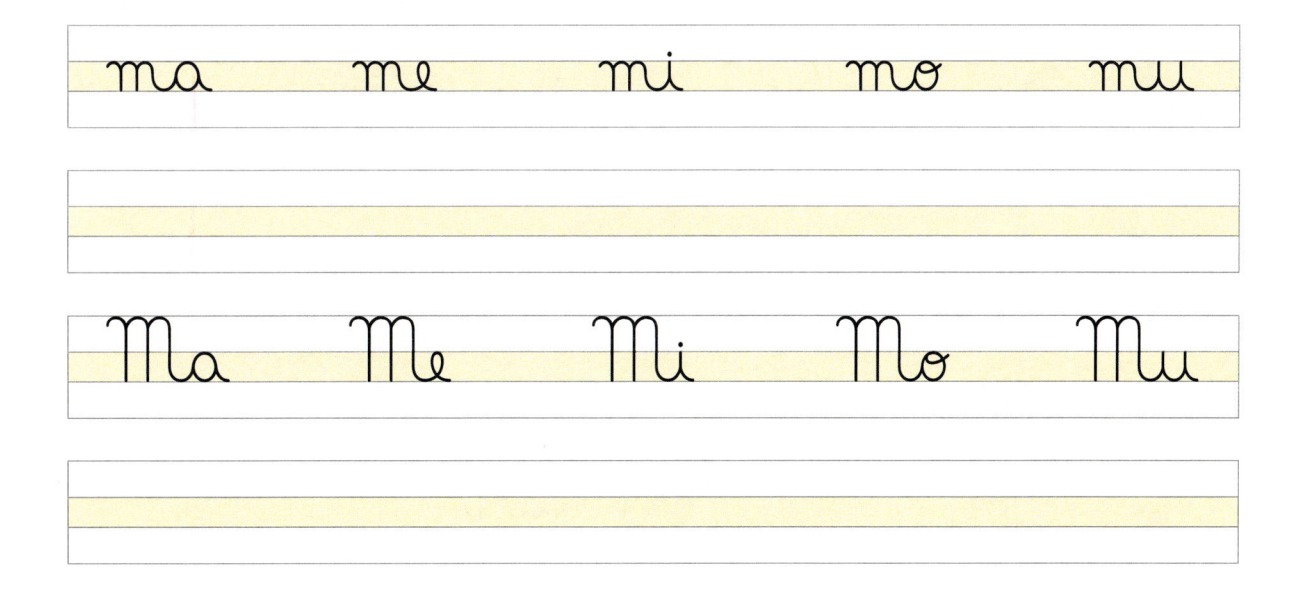

1 Copie.

ma   me   mi   mo   mu

Ma   Me   Mi   Mo   Mu

2 Ligue e escreva. Siga o exemplo.

morcego

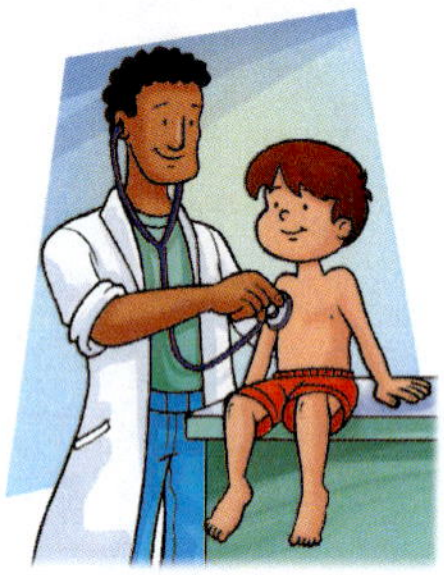

macaco — *macaco*

mulher

milho

médico

3 Observe as figuras e escreva seus nomes.

4 Leia e circule as palavras que têm as sílabas **ma**, **me**, **mi**, **mo** ou **mu**.

> Mimi mia muito mole.
> Ela está com fome.
> Ela chama sua mãe Miá.
> Miá dá de mamar a Mimi.

55

LIÇÃO 16 — As sílabas na, ne, ni, no, nu

Observe.

navio   nove   nuvem

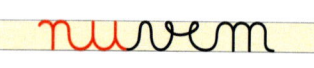

ATIVIDADES

1 Copie.

na   ne   ni   no   nu

Na   Ne   Ni   No   Nu

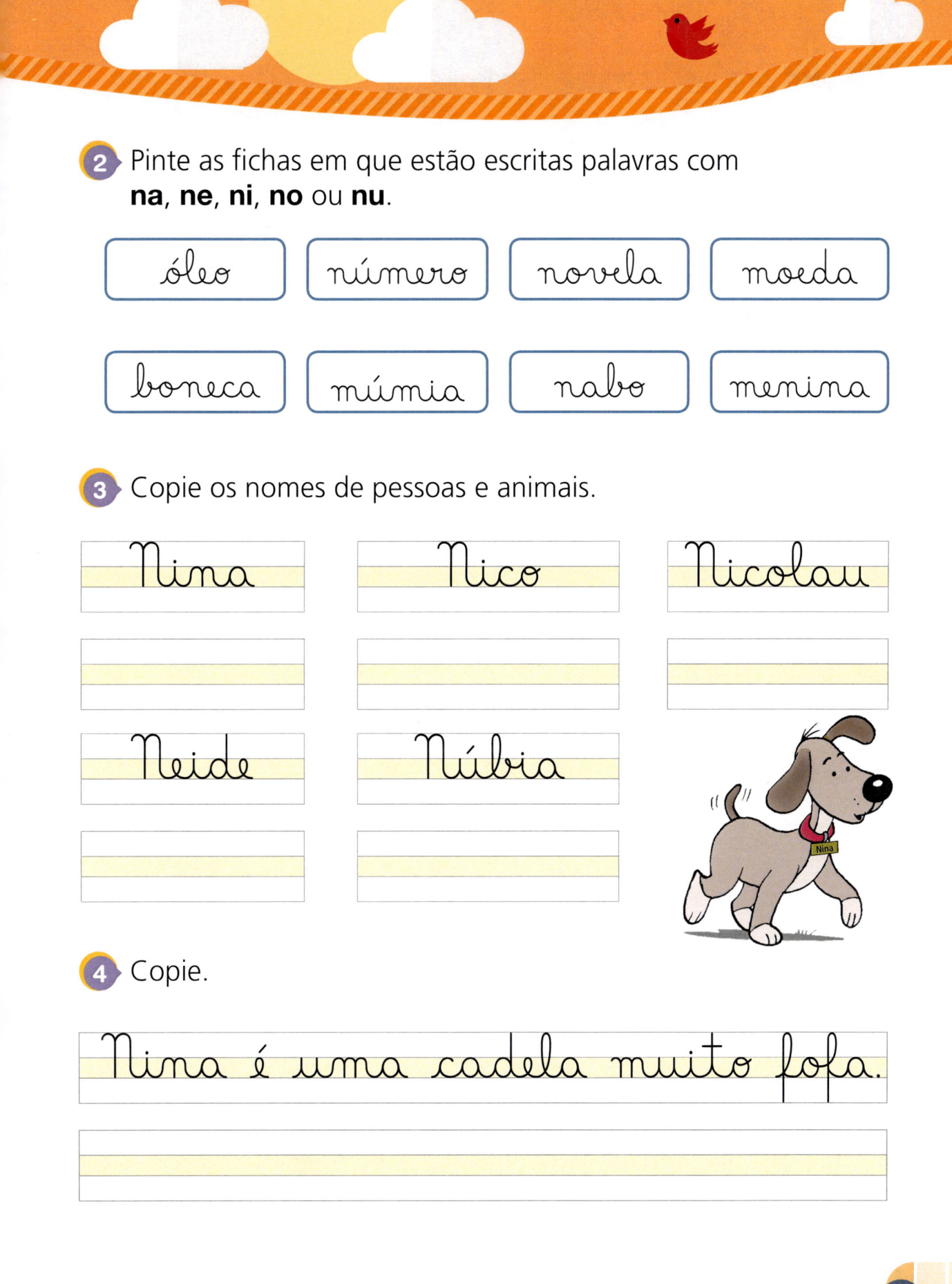

2 Pinte as fichas em que estão escritas palavras com **na**, **ne**, **ni**, **no** ou **nu**.

| óleo | número | novela | moeda |

| boneca | múmia | nabo | menina |

3 Copie os nomes de pessoas e animais.

Nina

Nico

Nicolau

Neide

Núbia

4 Copie.

Nina é uma cadela muito fofa.

5 Forme palavras com as sílabas abaixo.

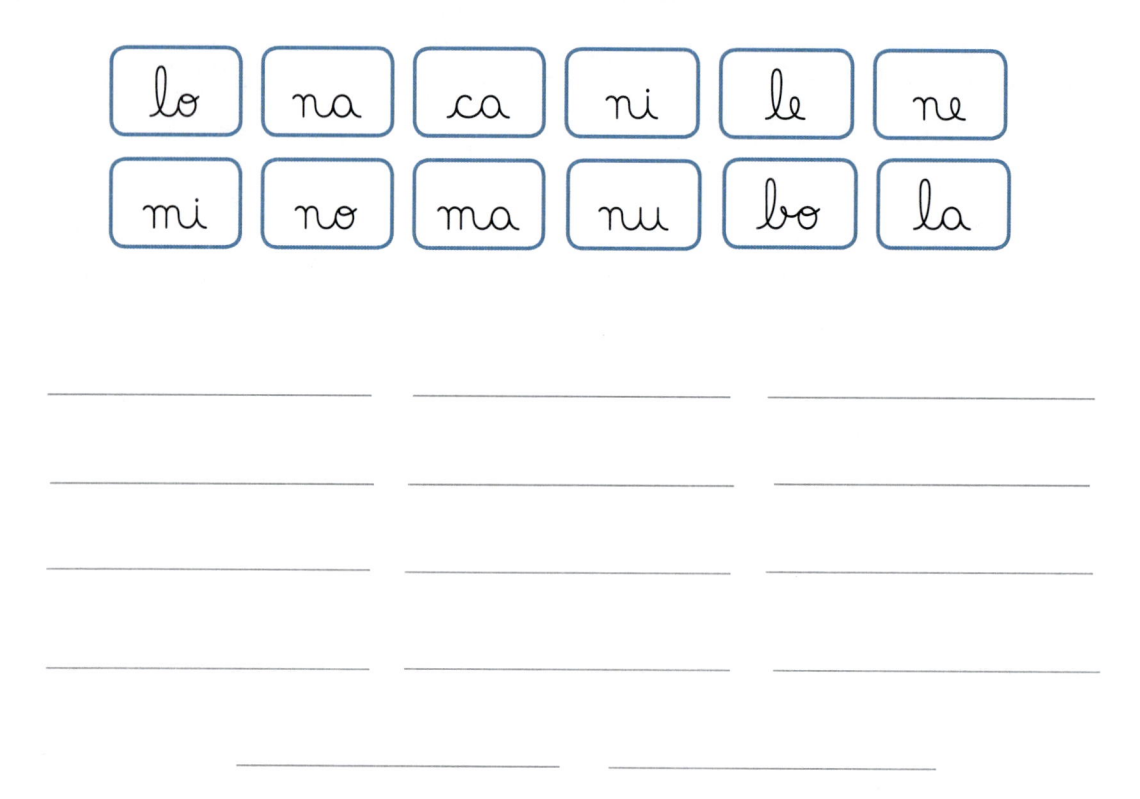

| lo | na | ca | ni | le | ne |
| mi | no | ma | nu | bo | la |

_____   _____   _____

_____   _____   _____

_____   _____   _____

_____   _____

6 Pinte os espaços que têm as sílabas **na**, **ne**, **ni**, **no** ou **nu** e veja o que aparecerá.

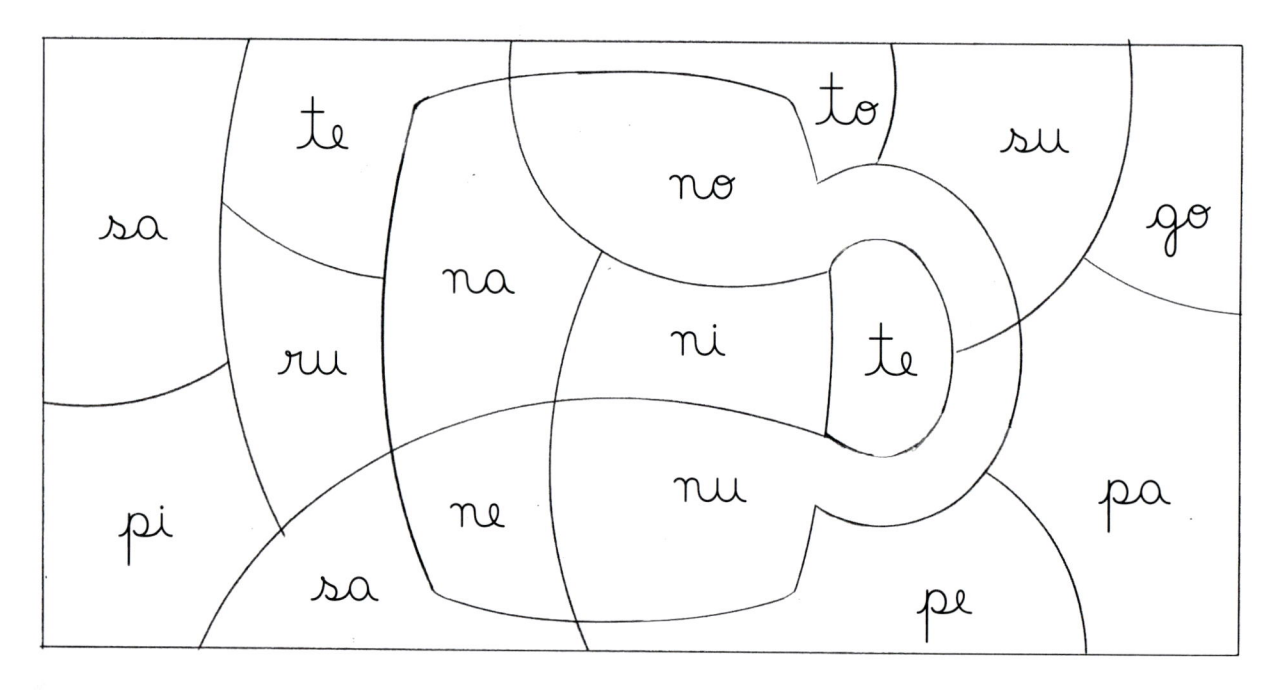

58 CALIGRAFIA

LIÇÃO 17

As sílabas pa, pe, pi, po, pu

Observe.

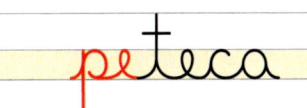

papagaio   peteca   pipoca

ATIVIDADES

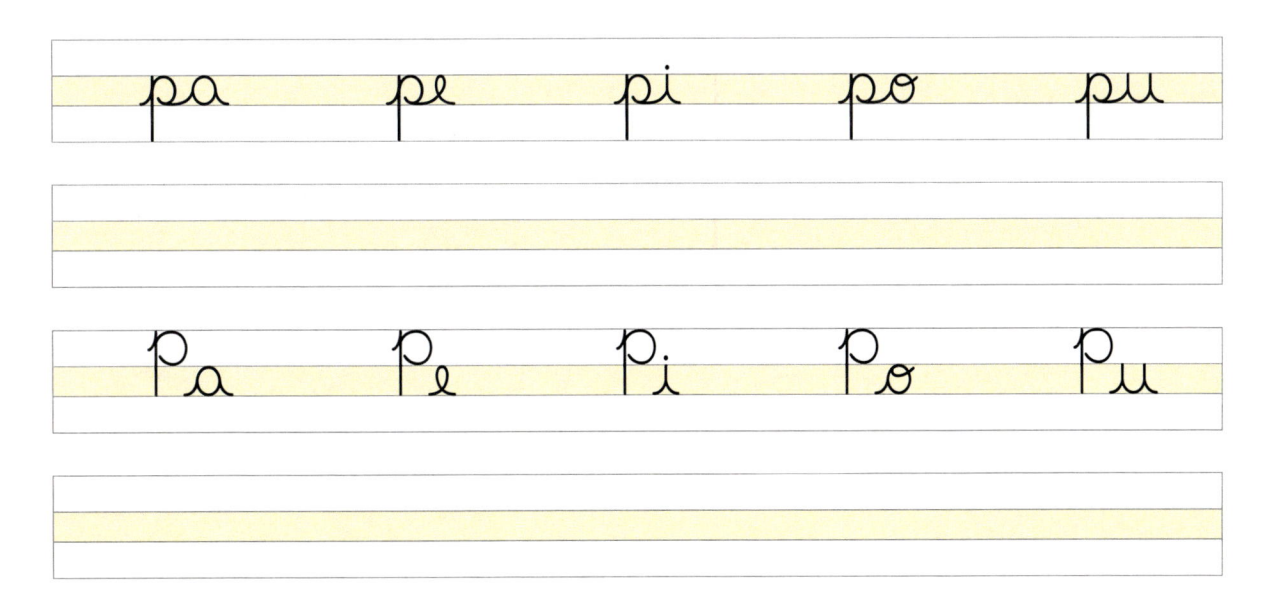

1 Copie.

pa   pe   pi   po   pu

Pa   Pe   Pi   Po   Pu

2 Ligue e escreva. Siga o exemplo.

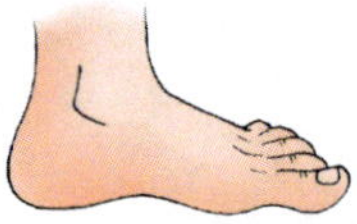

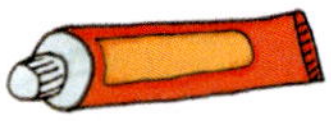

pé

piano

panela — *panela*

pudim

pomada

3 Escreva o nome de cada figura.

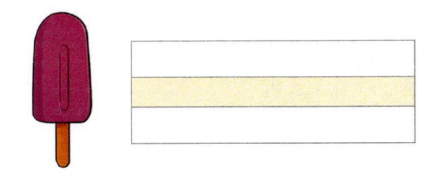

4. Troque as figuras pelos seus nomes e escreva as frases.

O 🦆 Pateta comeu

_____

🍿 na 🍳 .

_____

O 🐱, o 🐵 e

_____

o 🦆 são amigos.

_____

LIÇÃO 18 — As sílabas qua, quo

Observe.

quadro

quota

ATIVIDADES

1 Copie.

qua   quo   Qua   Quo

2 Complete o nome das figuras com a sílaba **qua** ou **quo**.

a___rio

a___rela

3 Ligue e escreva. Siga o exemplo.

quarenta

quati — *quati*

quarto

quartel

quarta-feira

4 Encontre no quadro o nome das quatro figuras.

Z	B	T	A	Q	U	Á	R	I	O
Q	U	A	T	I	X	E	U	G	J
C	I	V	Q	U	A	D	R	O	L
A	Q	U	A	R	E	L	A	M	N

LIÇÃO 19

As sílabas que, qui

Observe.

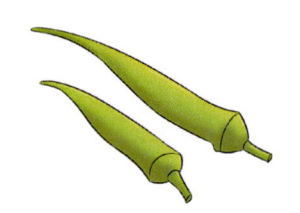

ra**que**te   **qui**abo

ATIVIDADES

1) Copie.

que   qui

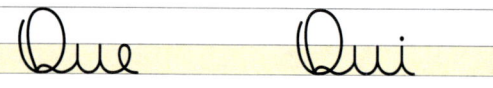

Que   Qui

2 Escreva as palavras do quadro na coluna adequada.

QUEIMADA – QUILO – QUIABO – MOLEQUE
QUEIJO – QUIBE – JOAQUIM – LEQUE

Palavras com QUE	Palavras com QUI

3 Complete os nomes das figuras com as sílabas **que** ou **qui**.

es lo

le

ca

má na

co iro

mole

65

LIÇÃO 20 — As sílabas ra, re, ri, ro, ru

Observe.

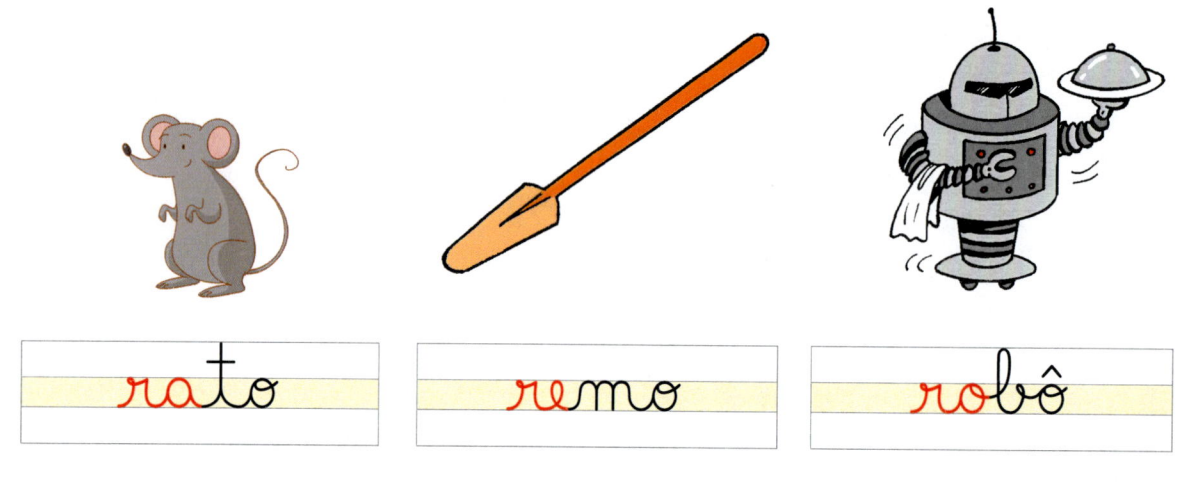

rato   remo   robô

ATIVIDADES

1. Copie.

ra   re   ri   ro   ru

Ra   Re   Ri   Ro   Ru

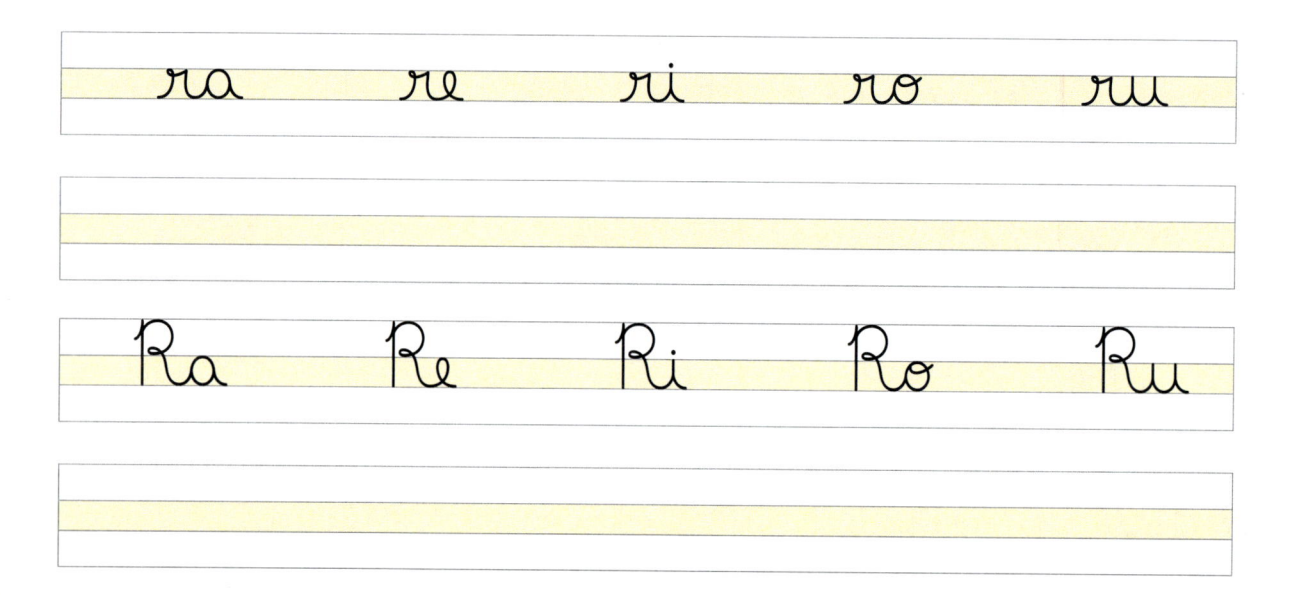

2 Ligue e escreva. Siga o exemplo.

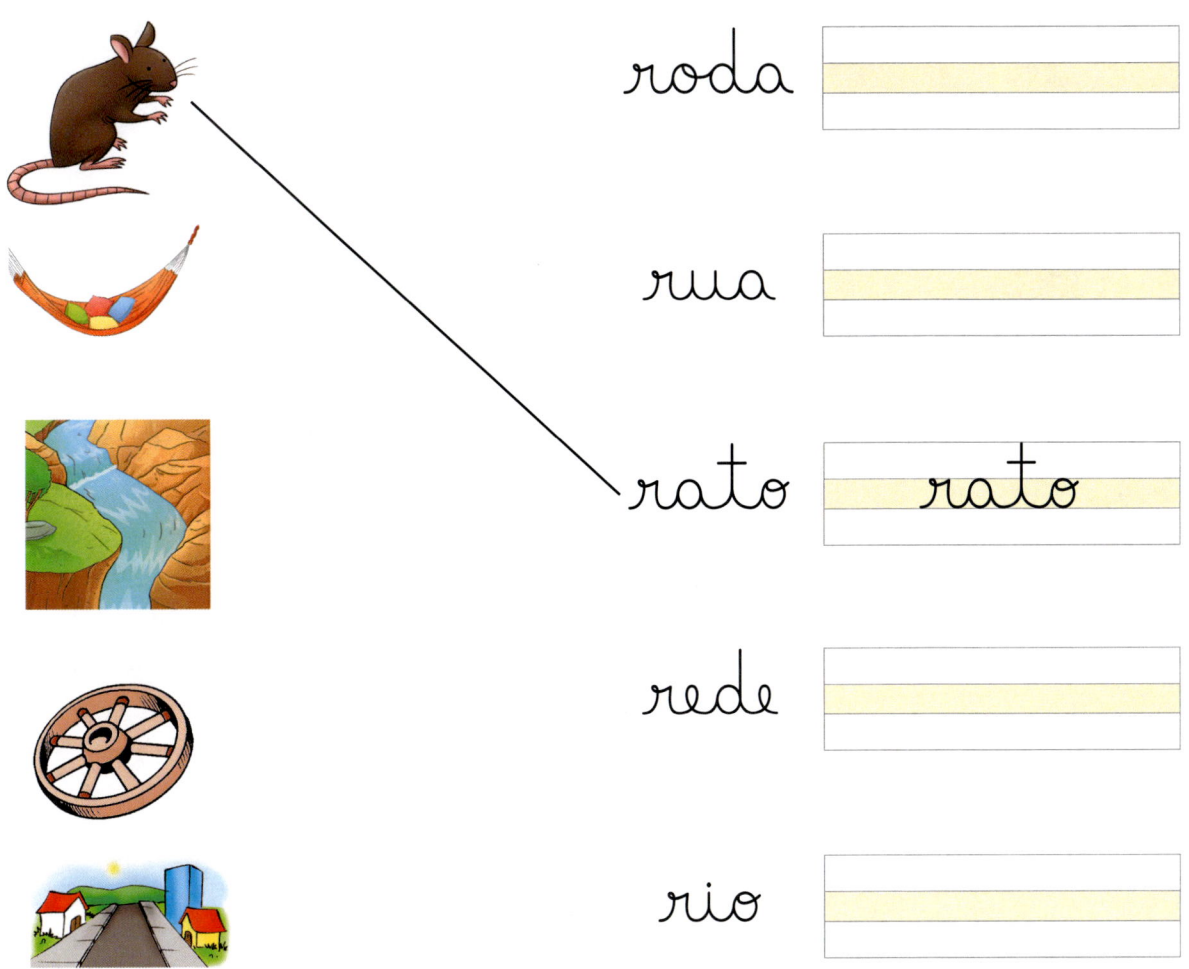

roda

rua

rato — rato

rede

rio

3 Separe as sílabas das palavras.

rabo

Renata

recado

rodo

4 Escreva o nome de cada figura.

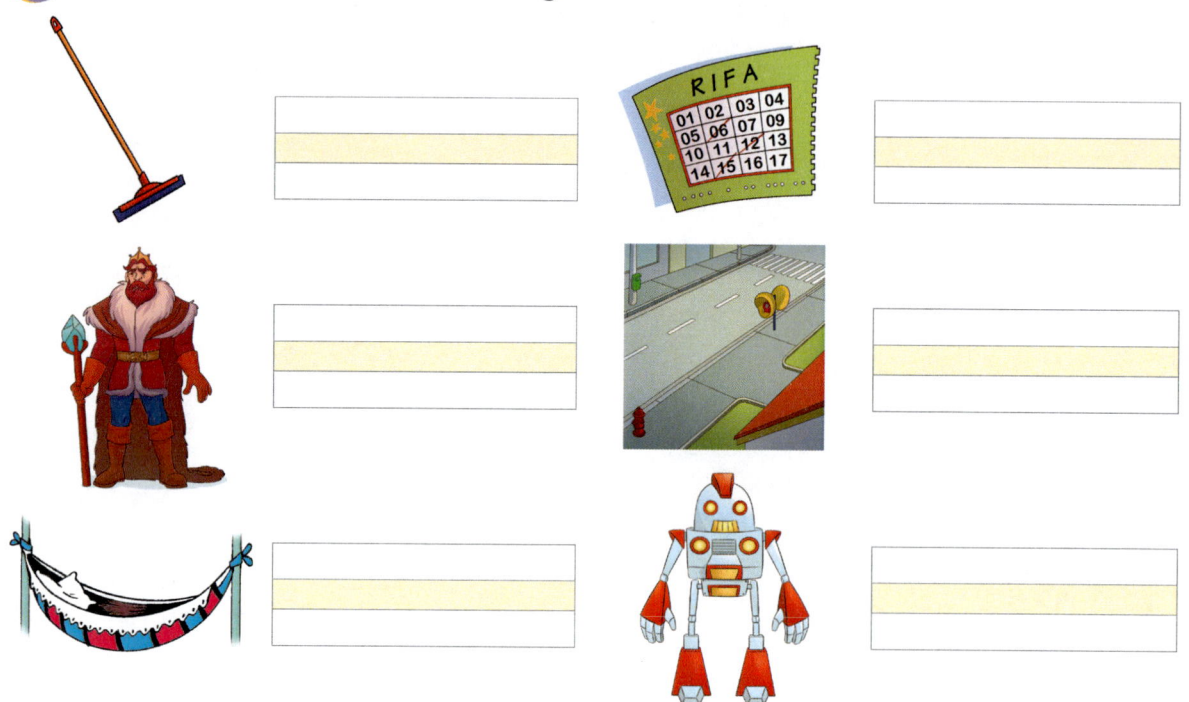

5 Ligue os pontos e veja o que aparecerá.

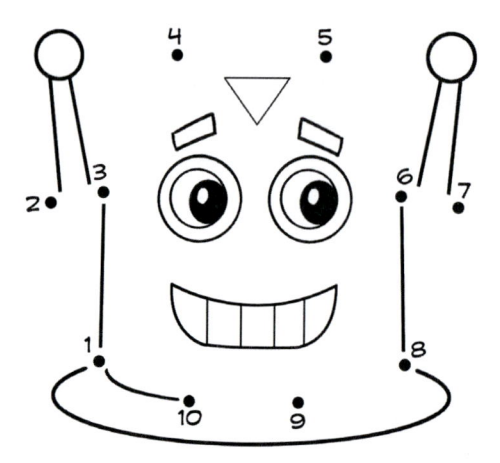

Escreva uma frase sobre a figura que apareceu.

CALIGRAFIA

LIÇÃO 21 — As sílabas sa, se, si, so, su

Observe.

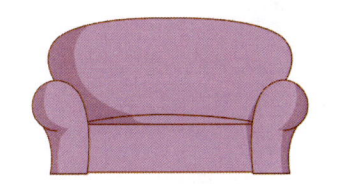

salada   selo   sofá

ATIVIDADES

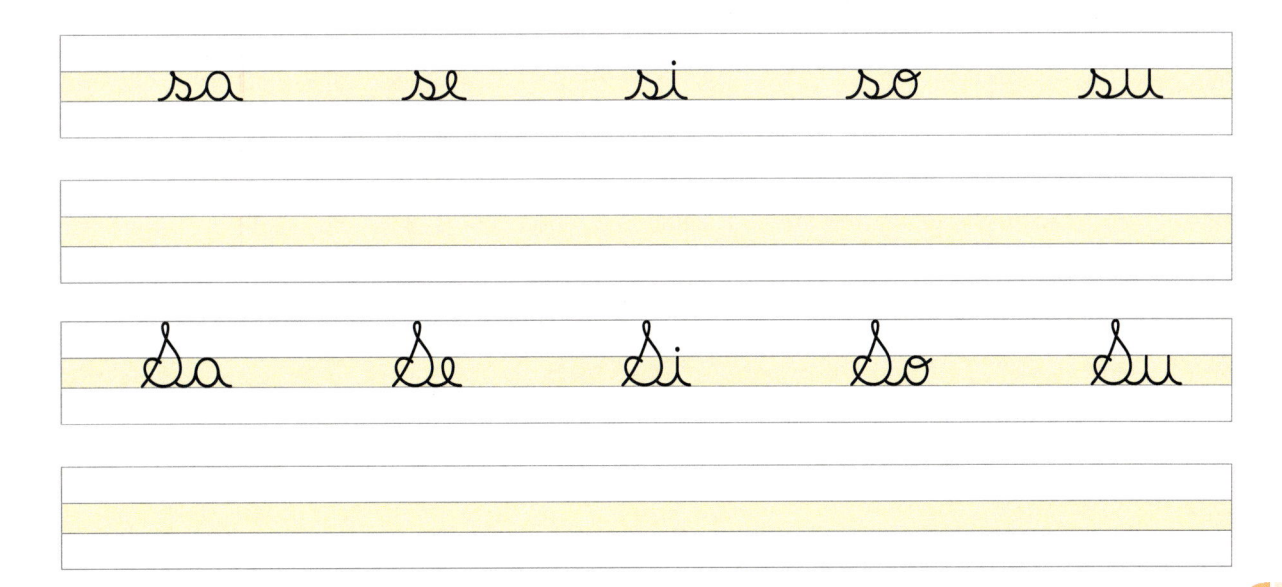

1. Copie.

sa   se   si   so   su

Sa   Se   Si   So   Su

2 Escreva os nomes das figuras.

3 Escreva uma frase para cada figura.

LIÇÃO 22

As sílabas ta, te, ti, to, tu

Observe.

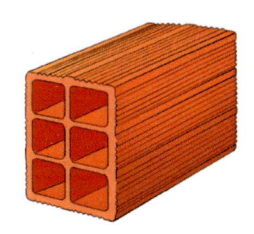

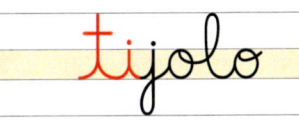

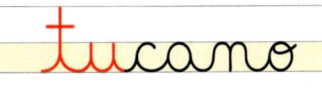

toalha   tijolo   tucano

ATIVIDADES

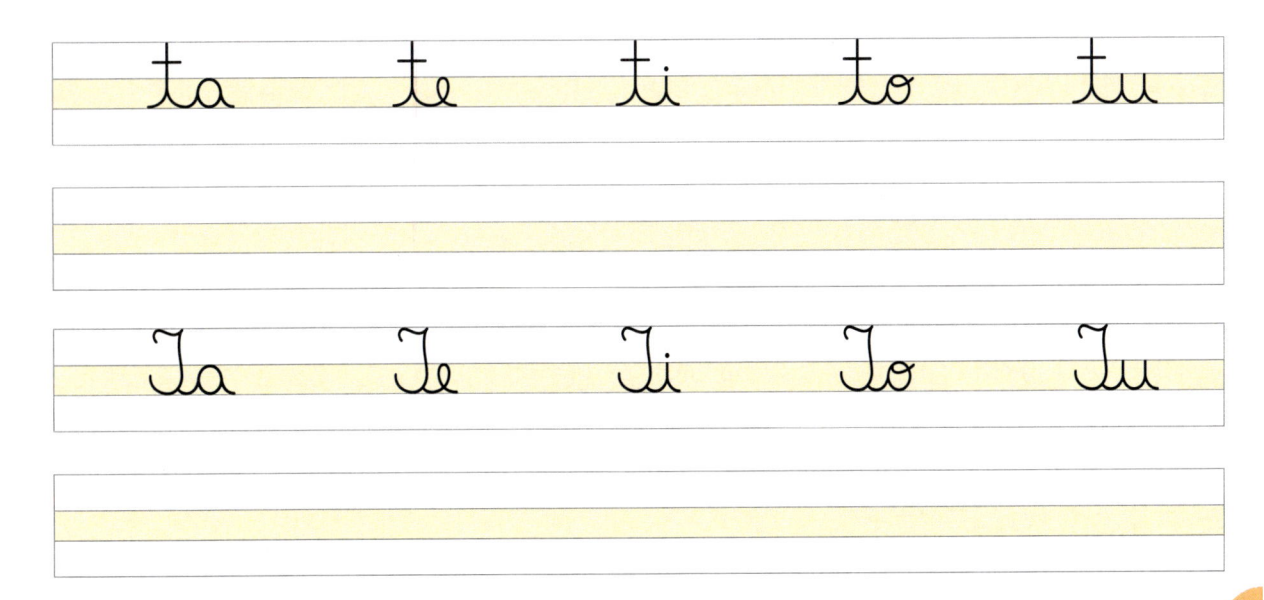

1. Copie.

ta   te   ti   to   tu

Ta   Te   Ti   To   Tu

2 Escreva os nomes das figuras.

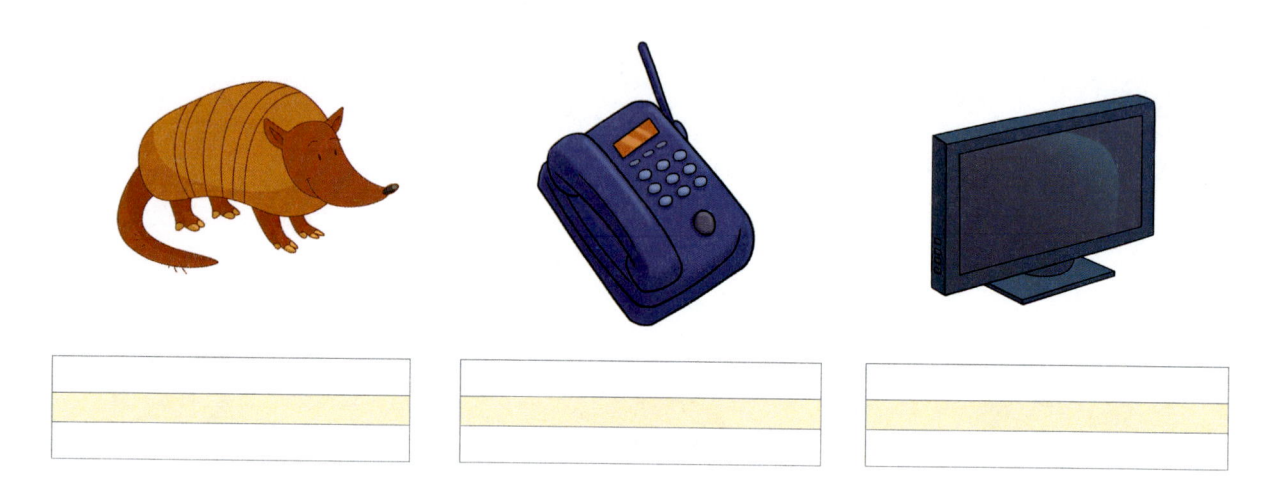

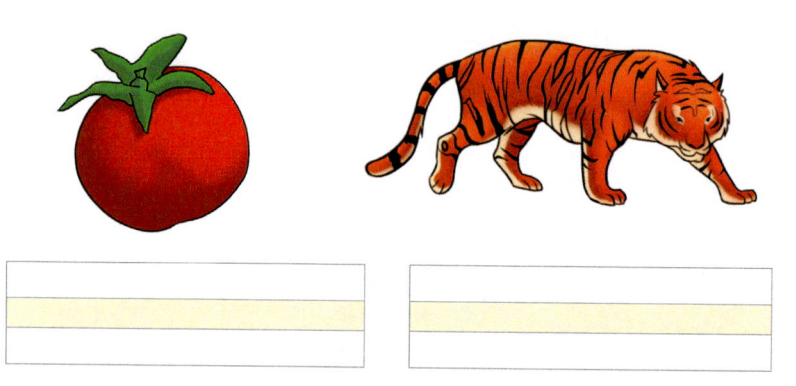

3 Junte as sílabas e forme as palavras.

te · le · fo · ne

to · ma · te

tu · bo

to · ca

72 CALIGRAFIA

4 Complete de acordo com as figuras.

5 Leve o tatu Tetéu até a toca pelo caminho com palavras que contêm as sílabas **ta**, **te**, **ti**, **to** ou **tu**.

LIÇÃO 23

As sílabas va, ve, vi, vo, vu

Observe.

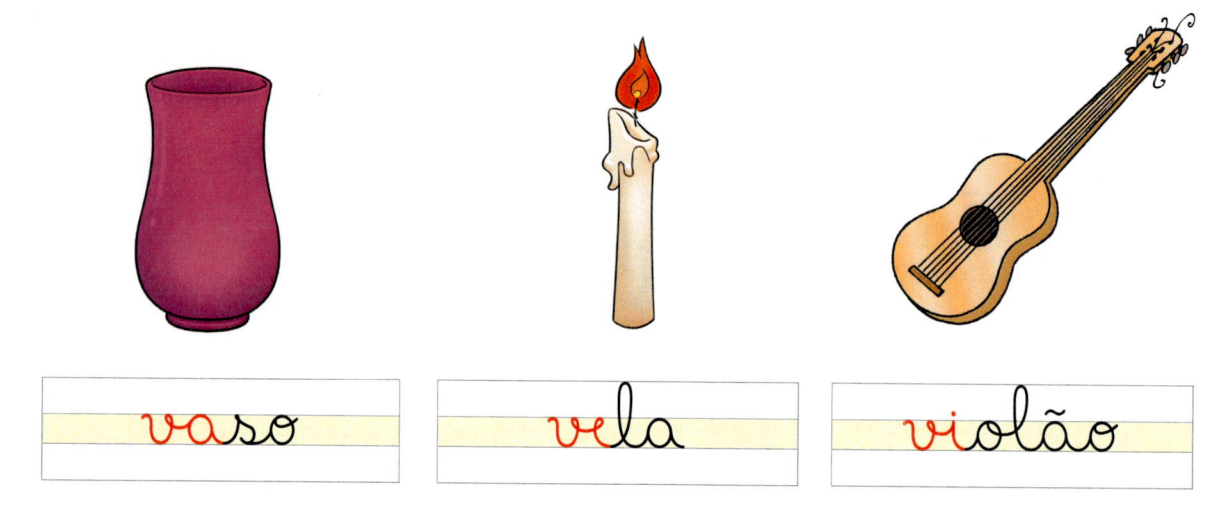

vaso   vela   violão

ATIVIDADES

1 Copie.

va   ve   vi   vo   vu

Va   Ve   Vi   Vo   Vu

2 Complete as palavras com as sílabas **va**, **ve**, **vi**, **vo** ou **vu**.

| ___ca | ___la | ___ola | ___to |
| ___veno | ___ludo | ___vi | ___tapá |

3 Escreva os nomes das figuras. Depois, pinte-as.

4 Leia e copie as frases.

Vitória não come vatapá.

A vaca Violeta dá muito leite.

5 Complete de acordo com as figuras.

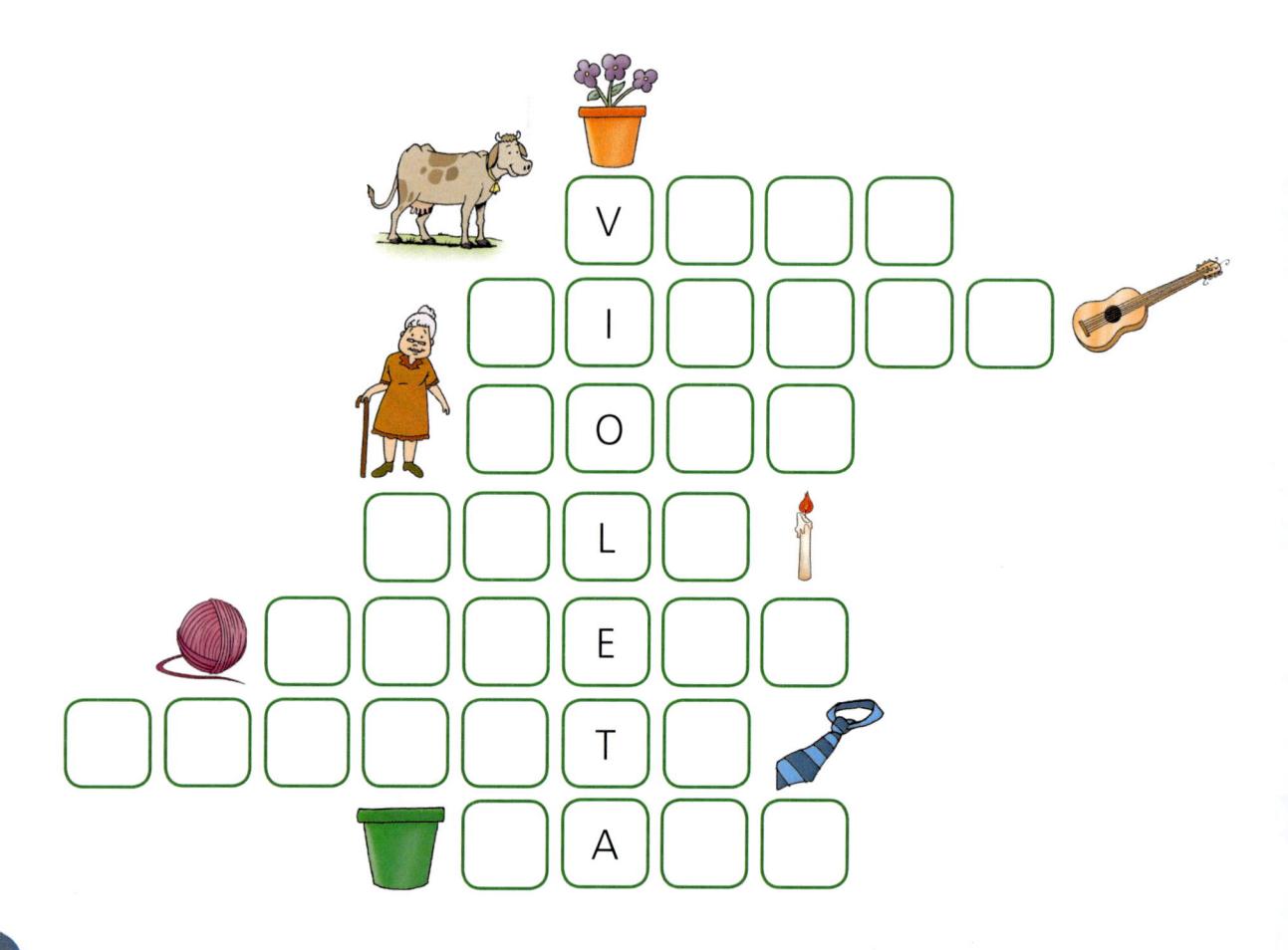

LIÇÃO 24

As sílabas xa, xe, xi, xo, xu

Observe.

xarope   xícara

ATIVIDADES

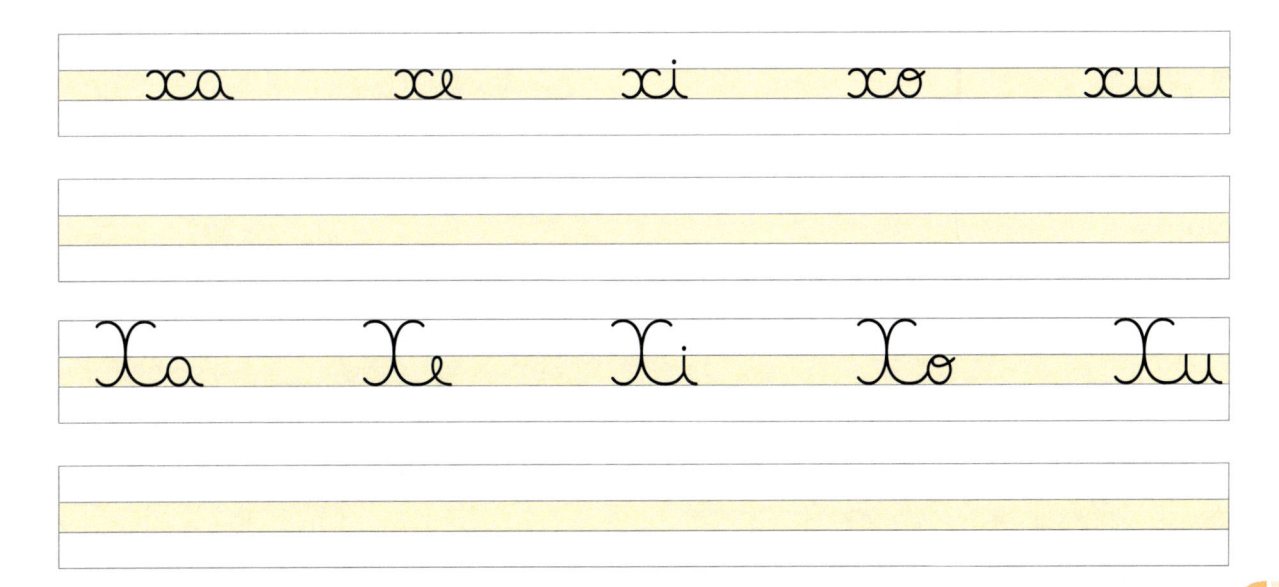

1 Copie.

xa   xe   xi   xo   xu

Xa   Xe   Xi   Xo   Xu

2. Observe as figuras e escreva seus nomes.

3. Observe as figuras e copie seus nomes. Depois, separe as sílabas.

xale

bexiga

lixa

abacaxi

4 Circule no texto as palavras com a letra **X**.

> Xodó é o gato de Xerxes.
> Ele fez uma cama
> para Xodó em uma caixa.
> Xodó ganhou peixe e
> uma xícara de leite.
> Que luxo!

5 Descubra no quadro seis palavras do texto.

X	E	R	X	E	S	Á	R	I	C	A	I	X	A
O	U	A	T	P	E	I	X	E	J	U	T	R	E
D	I	V	Q	U	A	T	Z	O	L	H	G	U	B
Ó	Q	U	A	X	Í	C	A	R	A	N	V	O	P
E	C	A	N	E	D	Q	I	V	M	O	T	R	N
B	C	A	L	U	X	O	H	I	U	E	F	D	E

LIÇÃO 25

As sílabas za, ze, zi, zo, zu

Observe.

zabumba   *zebra*   *zoológico*

ATIVIDADES

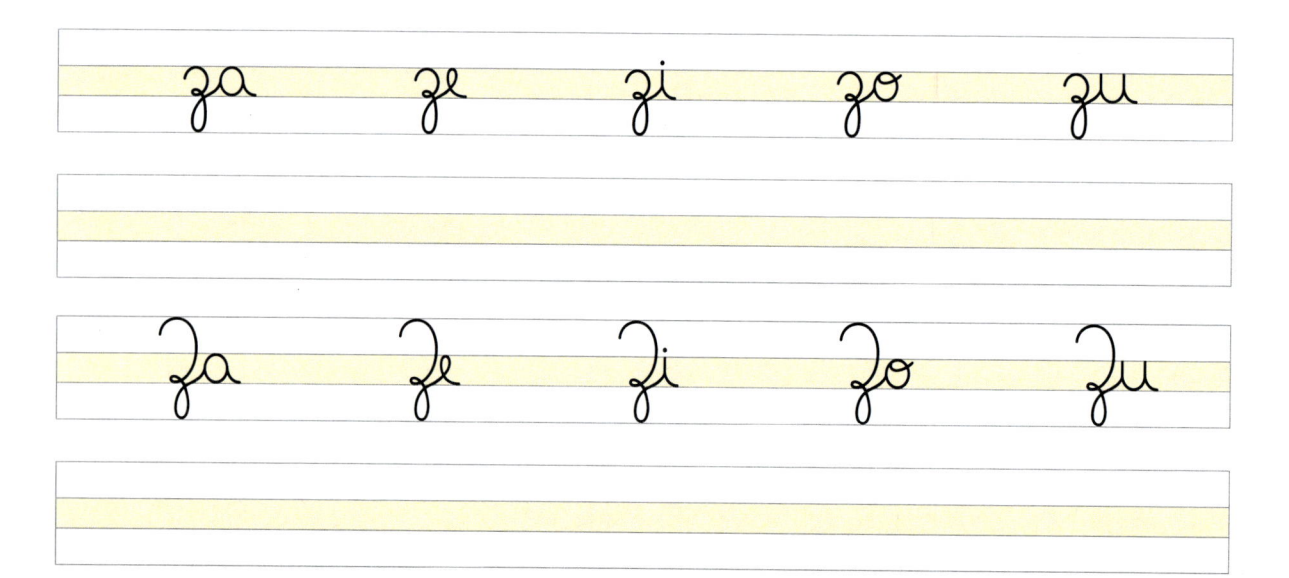

1 Copie.

za   ze   zi   zo   zu

za   ze   zi   zo   zu

2 Pinte os quadros que contêm palavras escritas com as sílabas **za**, **ze**, **zi**, **zo** ou **zu**.

| zebra | azul | azeite | Zico | zonzo |

| bumbo | zabumba | Zeca | Sueli |

3 Complete os nomes dos números.

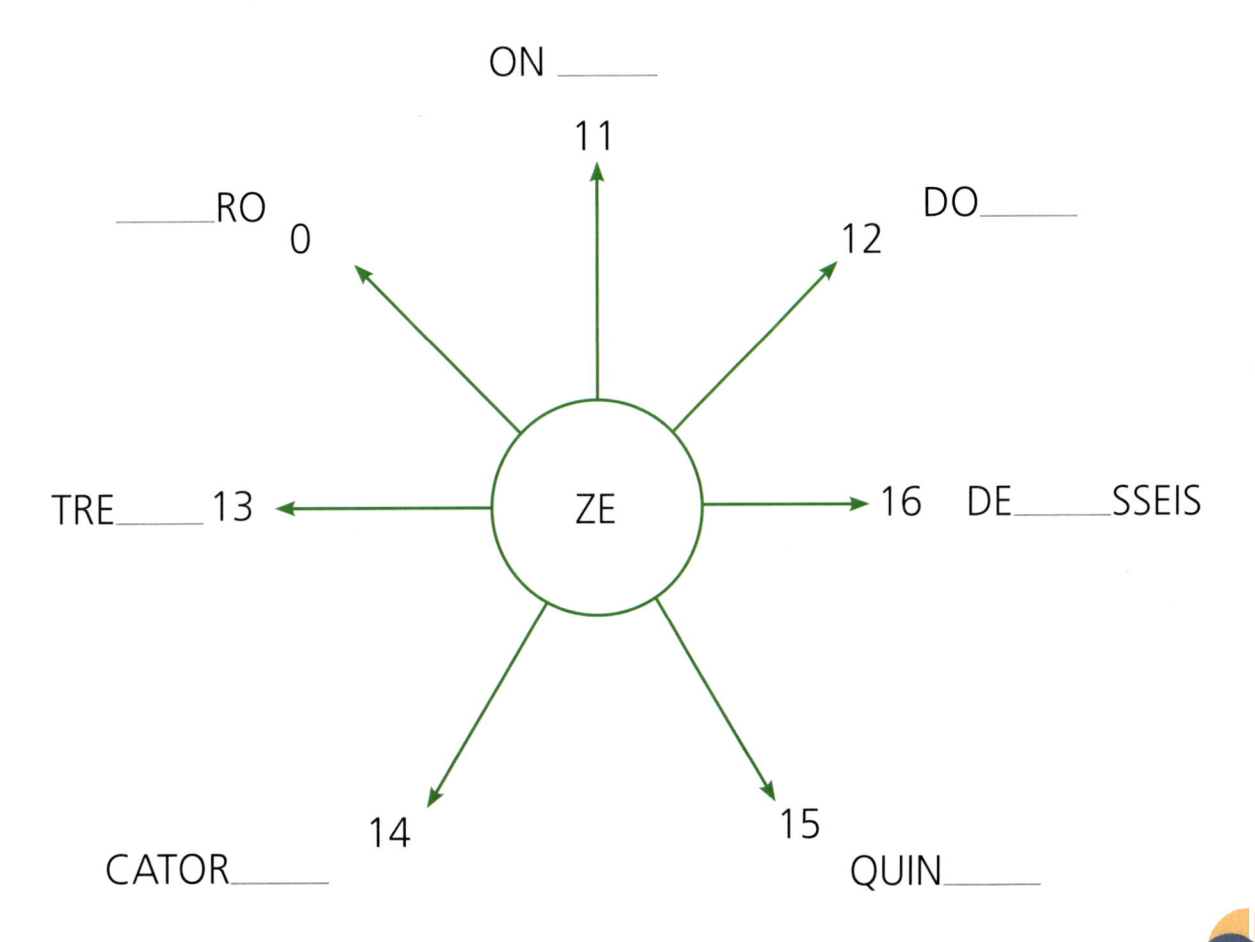

ON_____
11

_____RO
0

DO_____
12

TRE_____ 13

ZE

16 DE_____SSEIS

CATOR_____
14

15
QUIN_____

4) Substitua a figura pelo nome dela, copiando as frases.

Luzia comprou [ovos].

Ela vai fazer salada com [azeitona], tomate e rúcula.

Luzia colocou [azeite], sal e limão.

Zeca e Zizi gostam da salada com muitas [azeitonas].

LIÇÃO 26

As sílabas ce, ci

Observe.

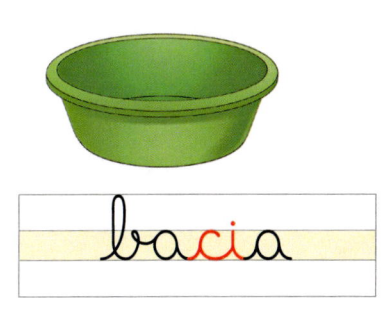

cebola

bacia

ATIVIDADES

1 Copie.

ce   ci   Ce   Ci

2 Pinte os cestos em que estão escritas palavras que começam com **ce** ou **ci**.

cenoura   casa   cinema   cuia

cigano   cego   cebola   Célia

83

3 Ligue e escreva. Siga o exemplo.

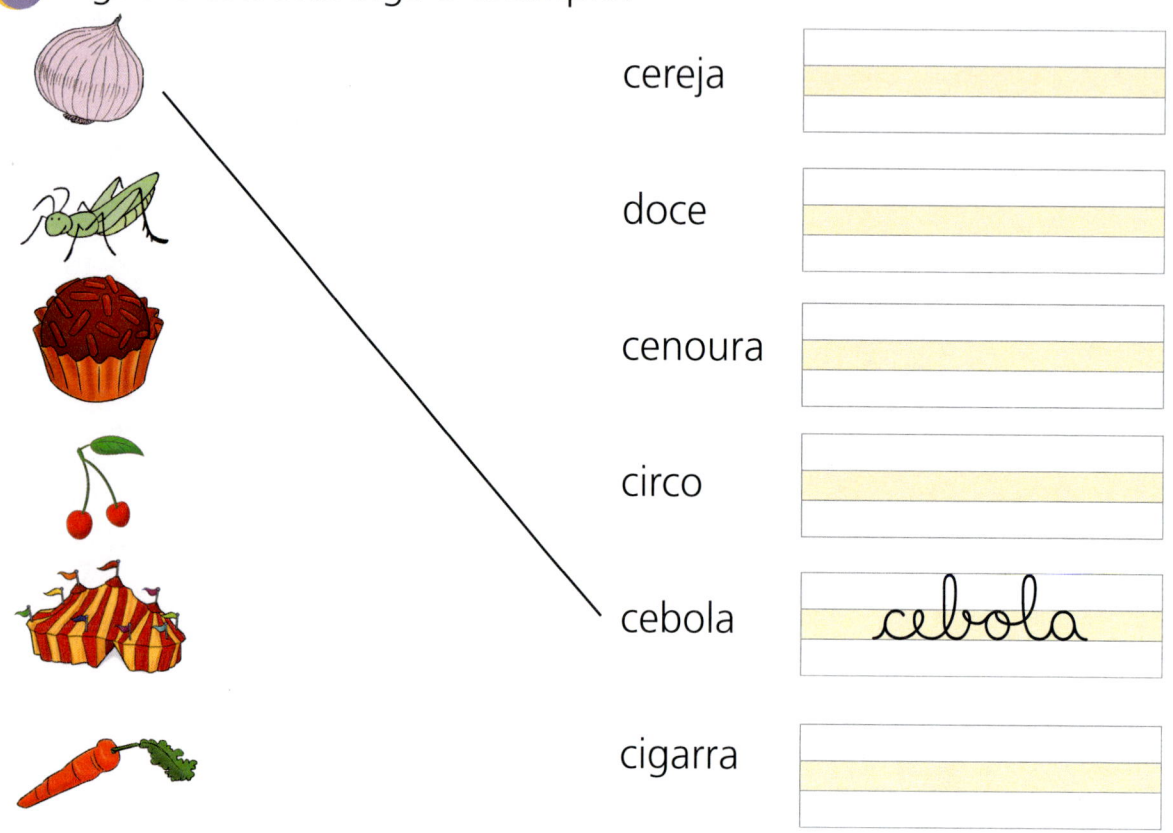

cereja

doce

cenoura

circo

cebola — *cebola*

cigarra

4 Copie os nomes.

Célia   Cecília   Ciro

5 Pinte os espaços que têm as sílabas **ce** ou **ci** e veja o que aparece.

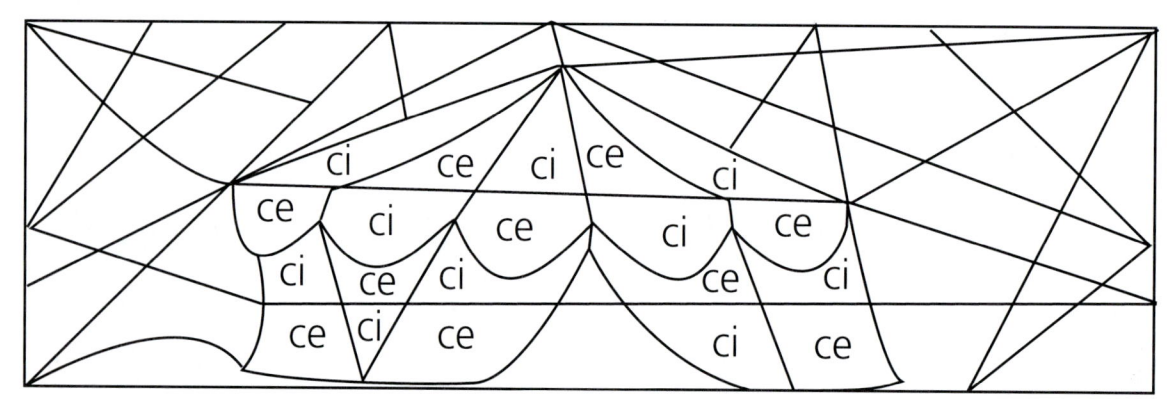

LIÇÃO 27 — As sílabas ça, ço, çu

Observe.

palha**ço** la**ço** a**çú**car

Não se usa **ç** no início das palavras.

ATIVIDADES

1 Copie.

ça   ço   çu

2 Escreva o nome das palavras representadas pelas figuras.

_____

_____

3 Coloque a cedilha quando for necessário.

| poco | laco | aco |

| acúcar | moca | bico |

| nosso | pedaco | cão | cabide |

LIÇÃO 28

As sílabas ge, gi

Observe.

gelatina

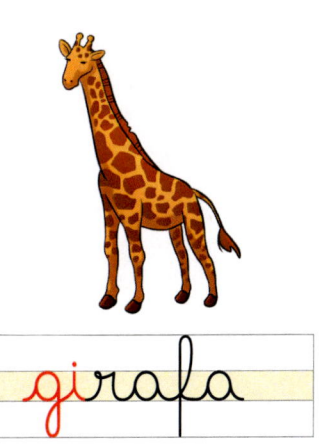

girafa

ATIVIDADES

1 Copie.

ge   gi   Ge   Gi

2 Escreva o nome de cada figura.

3 Circule as palavras escritas com **ge** ou **gi**.

GILDA BEBEU GEMADA GELADA.

A GEMADA FOI FEITA COM GEMAS.

OS GÊMEOS GERALDO E GILBERTO TAMBÉM BEBERAM GEMADA E COMERAM GELEIA.

ATÉ O GATO GIGI LAMBEU A GEMADA.

ELE FICOU GEMENDO COM DOR DE BARRIGA.

GATO NÃO É GENTE! NÃO BEBE GEMADA!

LIÇÃO 29

Palavras com gue, gui

Observe.

guitarra

foguete

ATIVIDADES

1 Copie.

gue   gui   Gue   Gui

2 Observe as figuras e complete seus nomes. Depois, leia as palavras que você completou e copie-as.

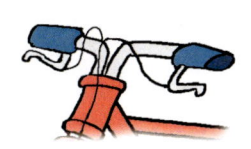

____dão

fo ira

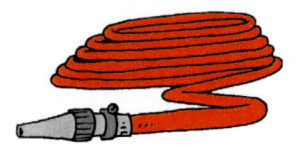

man ira

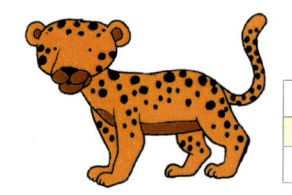

á a

pardo

③ Reescreva as frases, trocando os desenhos pelos seus nomes.

Guiomar toca   .

Guilherme viu um   no mangue.

CALIGRAFIA

LIÇÃO 30

Palavras com ar, er, ir, or, ur

Observe.

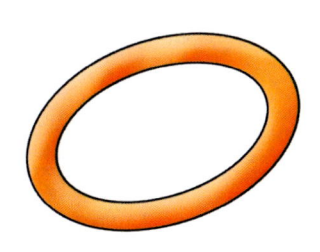

argola ervilha urso

ATIVIDADES

1 Copie.

ar   er   ir   or   ur

Ar   Er   Ir   Or   Ur

2. Pinte as fichas que contêm nomes com **ar**, **er**, **ir**, **or** ou **ur**.

ARMANDO AMANDA

ORLANDO ÉDER CARLOS

EMA EMIR URBANO

3. Escreva os nomes das figuras.

LIÇÃO 31 — Palavras com rr

Observe.

garrafa   carro   escorregador

ATIVIDADES

1. Separe as sílabas das palavras.

garrafa

torrada

marreco

jarra

93

2 Agora, observe os desenhos e junte as sílabas.

car - ro

jar - ra

Ter - ra

3 Complete a cruzadinha com os nomes das figuras.

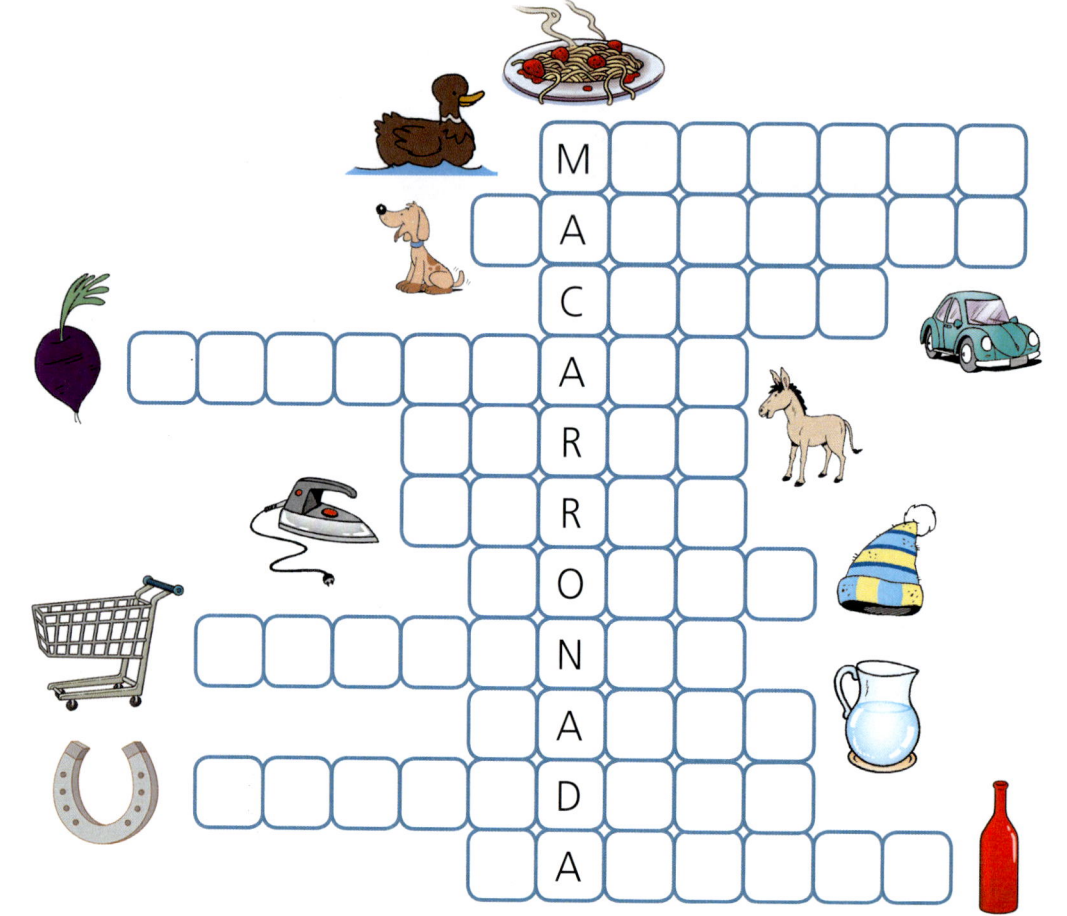

```
        M
        A
        C
        A
        R
        R
        O
        N
        A
        D
        A
```

LIÇÃO 32
Palavras com r entre vogais

Observe.

aranha   pera   coruja

ATIVIDADES

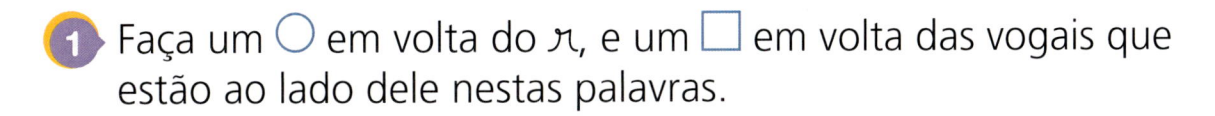

1 Faça um ◯ em volta do r, e um ☐ em volta das vogais que estão ao lado dele nestas palavras.

girafa   cururu   touro   barata

2 Observe as figuras e copie seus nomes.

coração

jacaré

urubu

mamadeira

3 Leia a parlenda. Depois, circule as palavras com **r** entre vogais.

Dona Baratinha

Quem quer casar
Com a Dona Baratinha
Que tem fita no cabelo
E dinheiro na caixinha

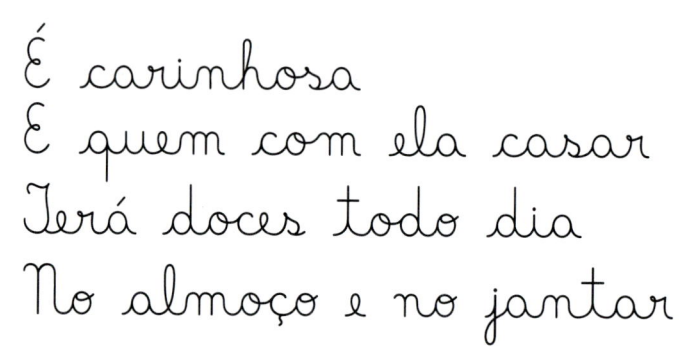

É carinhosa
E quem com ela casar
Terá doces todo dia
No almoço e no jantar

Passem, passem cavaleiros
Passem todos sem parar
O mais belo com certeza
Minha mão irá ganhar.

DOMÍNIO PÚBLICO.

LIÇÃO 33

Palavras com as, es, is, os, us

Observe.

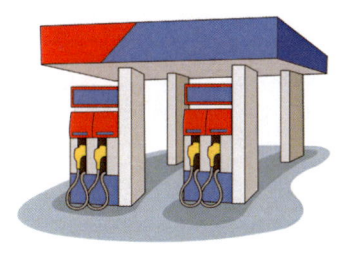

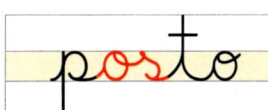

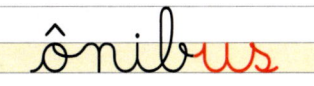

escola   posto   ônibus

ATIVIDADES

1 Copie.

as   es   is   os   us

As   Es   Is   Os   Us

97

2 Ligue e escreva. Siga o exemplo.

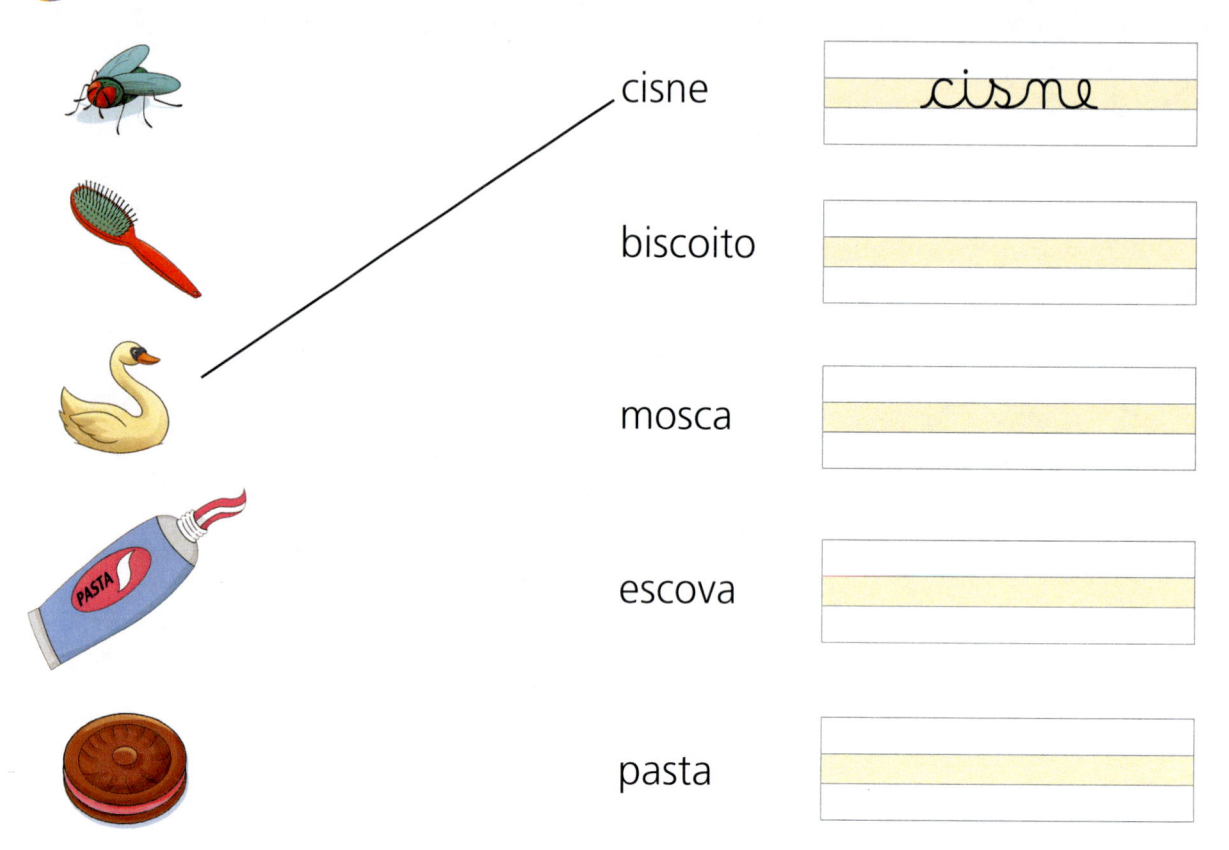

cisne — *cisne*

biscoito

mosca

escova

pasta

3 Ordene as letras e escreva as palavras.

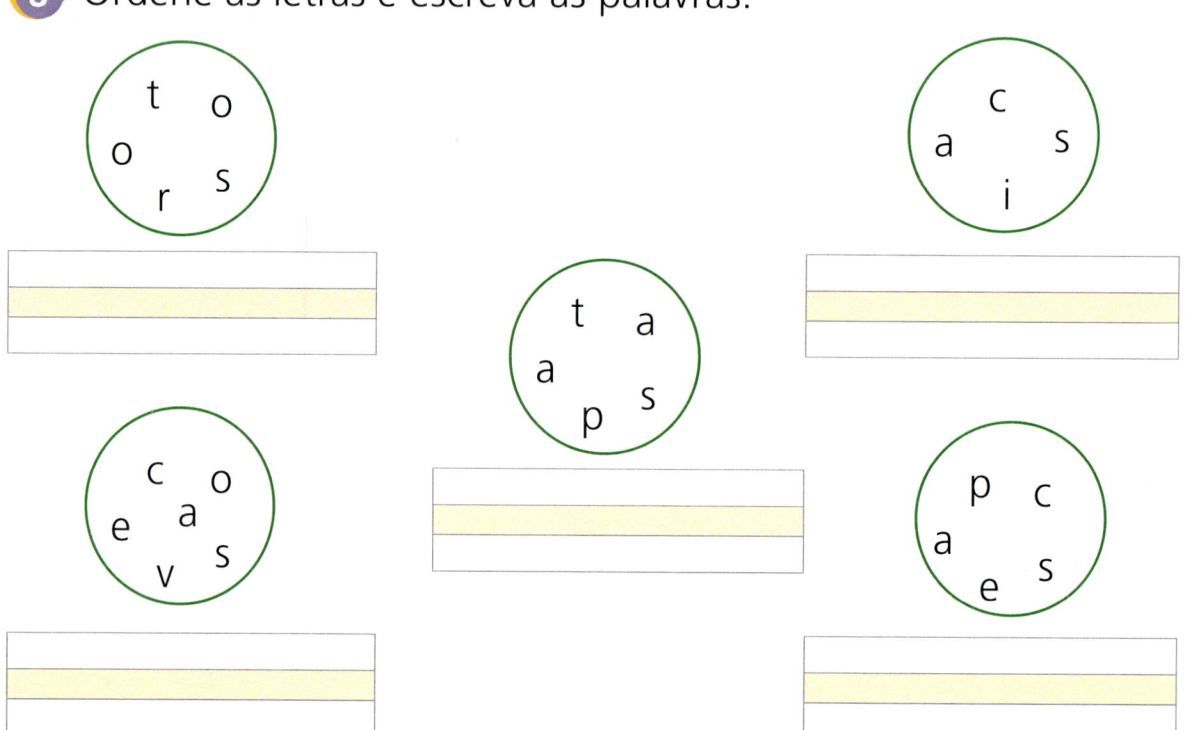

LIÇÃO 34

Palavras com ss

Observe.

dinossauro   *pêssego*   *osso*

ATIVIDADES

1 Escreva os nomes das figuras.

2 Observe as figuras e copie seus nomes separando as sílabas.

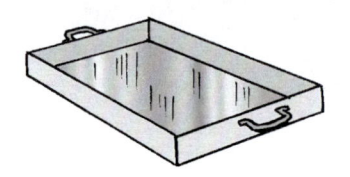

massa

assadeira

professora

assinatura

3 Ligue os pontos e veja o que aparece. Depois, escreva uma frase sobre a figura.

CALIGRAFIA

LIÇÃO 35

Palavras com s entre vogais ou palavras com s e som de z

Observe.

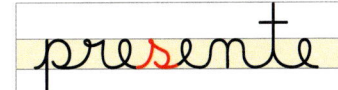

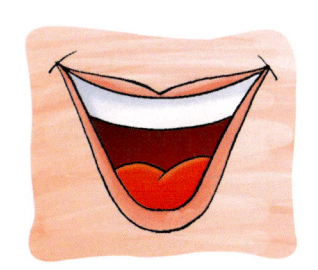

casa   *presente*   *sorriso*

ATIVIDADES

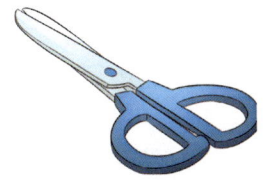

1. Observe as figuras e escreva seus nomes.

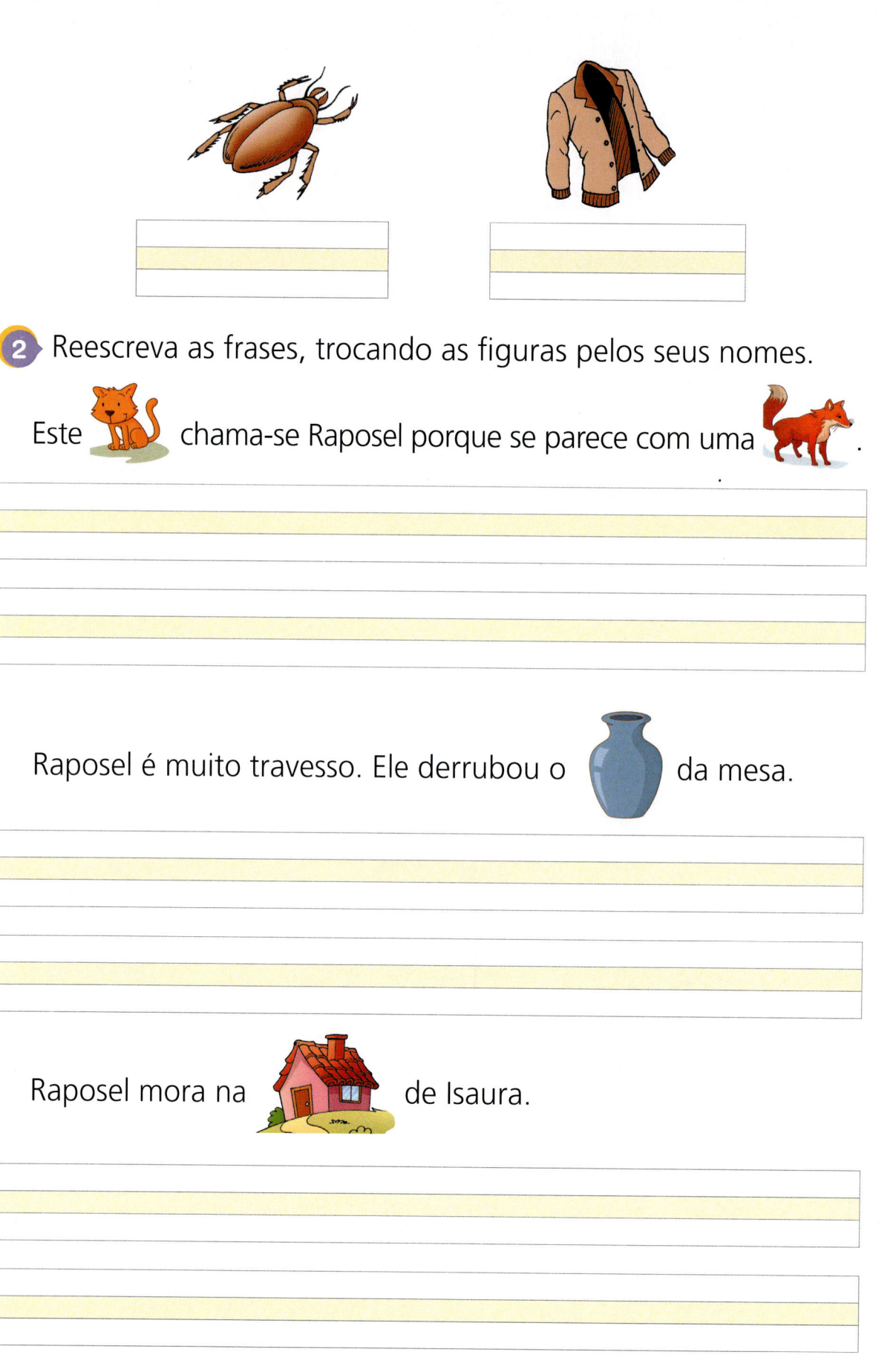

2) Reescreva as frases, trocando as figuras pelos seus nomes.

Este 🐱 chama-se Raposel porque se parece com uma 🦊.

Raposel é muito travesso. Ele derrubou o 🏺 da mesa.

Raposel mora na 🏠 de Isaura.

CALIGRAFIA

LIÇÃO 36

Palavras com az, ez, iz, oz, uz

Observe.

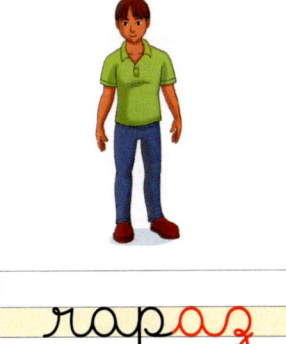

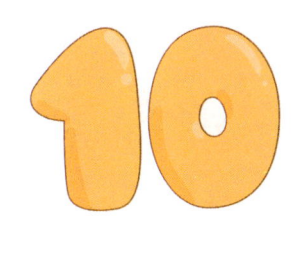

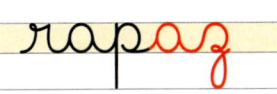

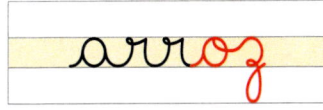

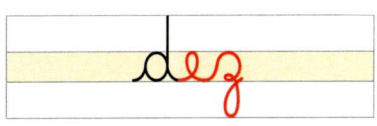

rapaz   arroz   dez

ATIVIDADE

Escreva os nomes das figuras.

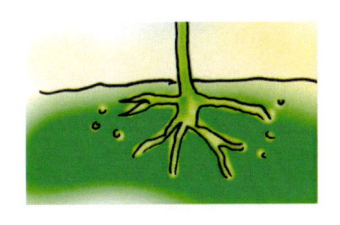

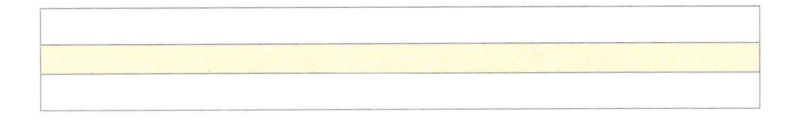

LIÇÃO 37

Palavras com al, el, il, ol, ul

Observe.

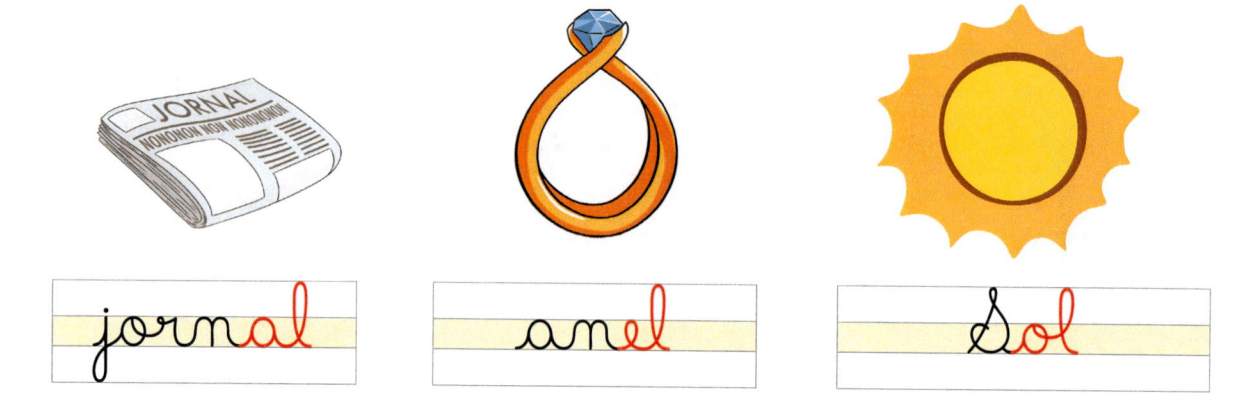

jornal   anel   sol

ATIVIDADES

1 Observe as figuras e copie os nomes, separando as sílabas.

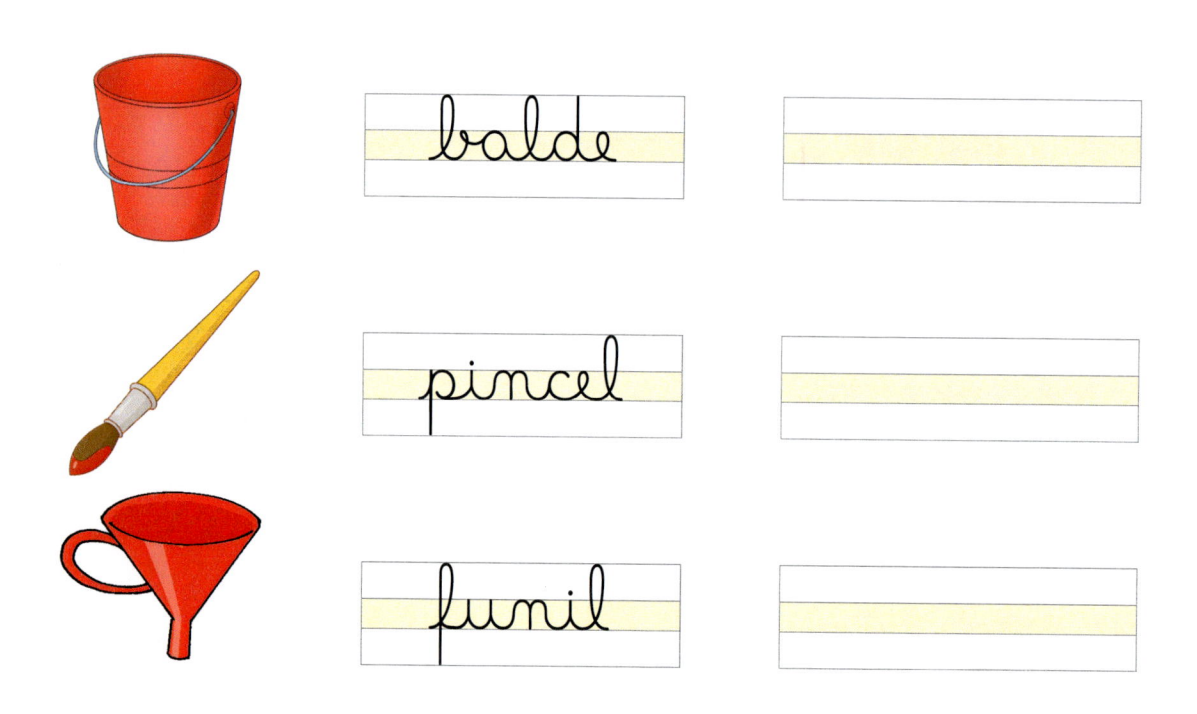

balde

pincel

funil

futebol

pulseira

② Complete as palavras com as letras da primeira coluna. Depois, leia as palavras.

AL	_____moço	_____ça	anim_____	re_____
EL	carret_____	an_____	past_____	m_____
IL	fun_____	barr_____	fác_____	Abiga_____
OL	anz_____	carac_____	s_____teiro	_____fato
UL	p_____ga	s_____	m_____ta	az_____

105

LIÇÃO 38 — Palavras com ão, ã, ões, ãos

Observe.

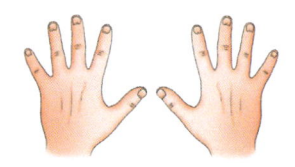

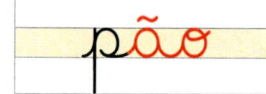

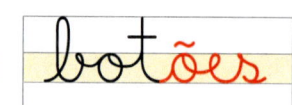

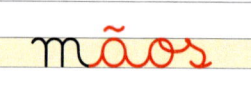

pão   romã   botões   mãos

ATIVIDADE

Circule as figuras cujos nomes são escritos com ~ e, depois, escreva-os.

106 CALIGRAFIA

LIÇÃO 39

Palavras com an, en, in, on, un ou palavras com n depois de vogais

Observe.

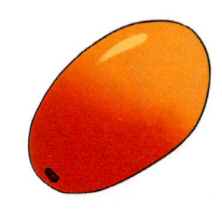

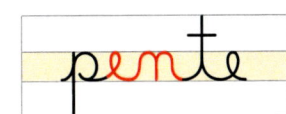

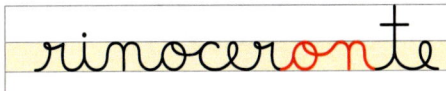

manga *pente* *rinoceronte*

ATIVIDADES

1 Copie.

an   en   in   on   un

2 Escreva os nomes das figuras.

3. Leia e copie a frase.

Antenor só usa lenços muito limpos.

108 CALIGRAFIA

LIÇÃO 40

Palavras com am, em, im, om, um ou palavras com m antes de p e b

Observe.

ambulância   *bumbo*   *bombom*

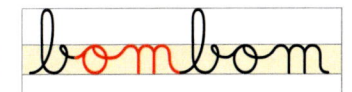

ATIVIDADES

1 Copie.

am   em   im   om   um

2 Pinte os quadros que contêm palavras com **am**, **em**, **im**, **om** ou **um**.

| ANTA | TOMBO | BOLETIM | UMBIGO |

| EMPADA | ÔNIBUS | SAMBA | ANJO |

3) Ligue os desenhos às palavras.

lombo

homem

pudim

lâmpada

bumbo

4) Organize as palavras do quadro conforme o modelo.

| jardim | pombo | empada | bom | amendoim |
| viagem | homem | capim | bumbo | Campinas |

M NO FINAL	M ANTES DE P	M ANTES DE B
jardim		

CALIGRAFIA

LIÇÃO 41

Palavras com nha, nhe, nhi, nho, nhu

Observe.

galinha    banheiro   pintinho

ATIVIDADES

1. Copie.

nha   nhe   nhi   nho   nhu

2. Escreva os nomes das figuras.

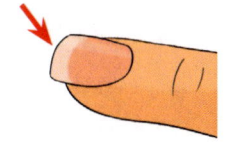

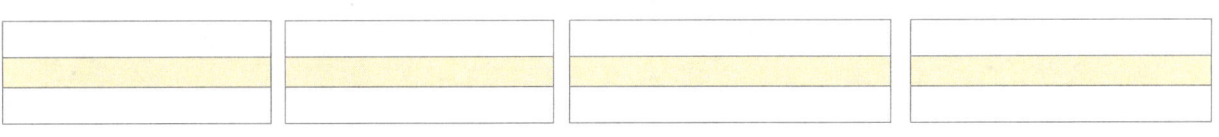

3 Circule, na quadrinha, as palavras com **nh**.

A aranha apanha,
A aranha tadinha,
O tatu abocanha
A sua casinha.

ADAPTAÇÃO DE DOMÍNIO PÚBLICO.

LIÇÃO 42

Palavras com lha, lhe, lhi, lho, lhu

Observe.

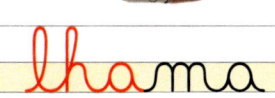

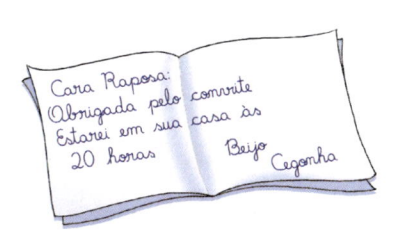

lhama   alho   bilhete

ATIVIDADES

1. Copie.

lha   lhe   lhi   lho   lhu

2. Forme outras palavras com as sílabas das palavras a seguir.

| OVELHA | MILHO | ABELHA | JOELHO |

3 Veja o que a escola Cantinho Feliz preparou para a festa de Páscoa. Circule as palavras com **lh**.

FESTA DE PÁSCOA

BILHETES DA SORTE

COELHOS DE CHOCOLATE

FANTOCHE ORELHUDO

DANÇA DAS OVELHAS

CONCURSO DE FILHOTES

ABELHAS NERVOSAS

TRILHA DOS PALHAÇOS

LIÇÃO 43

Palavras com cha, che, chi, cho, chu

Observe.

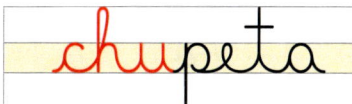

chave   *cachorro*   *chupeta*

ATIVIDADES

1 Copie.

cha   che   chi   cho   chu

2 Forme palavras com as sílabas abaixo.

cha ⟨ ve _____
      péu _____
      veiro _____

che ⟨ que _____
      fe _____

chi
- ta _____
- queiro _____
- nelo _____

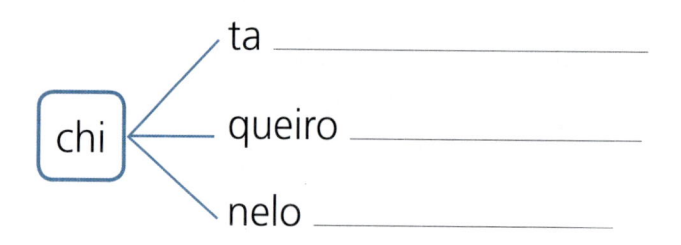

cho
- ro _____
- colate _____
- calho _____

chu
- va _____
- veiro _____
- chu _____

3 Ligue os pontos e descubra um animal cujo nome é escrito com **ch**.

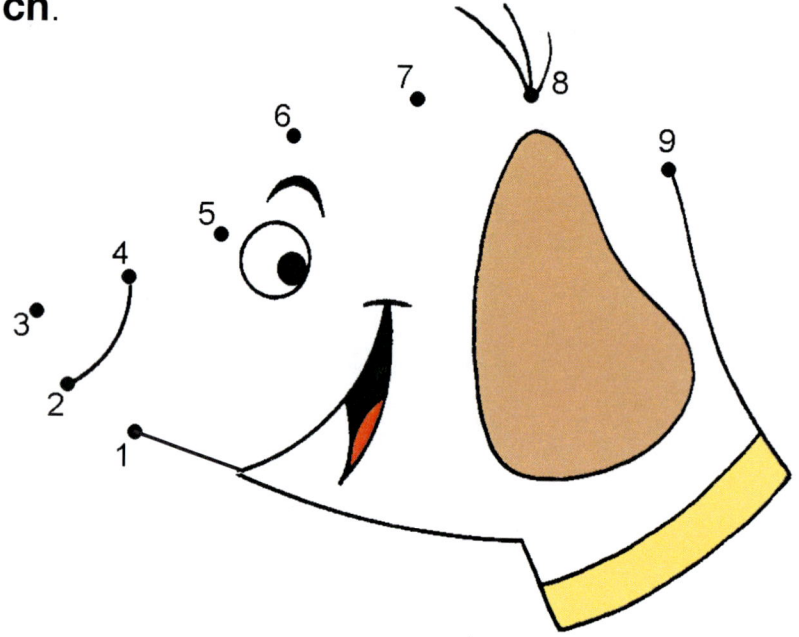

4 Escreva uma frase sobre o animal que você descobriu.

LIÇÃO 44 — Palavras com bl, cl, fl, gl, pl, tl

Observe.

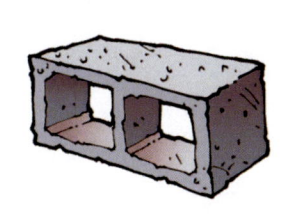

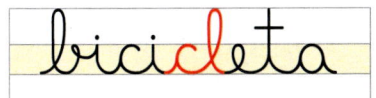

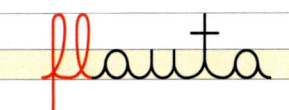

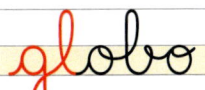

bloco    **bicicleta**    **flauta**

globo    **planta**   **atleta**

ATIVIDADES

1 Escreva os nomes das figuras.

2 Complete as frases com as palavras do quadro.

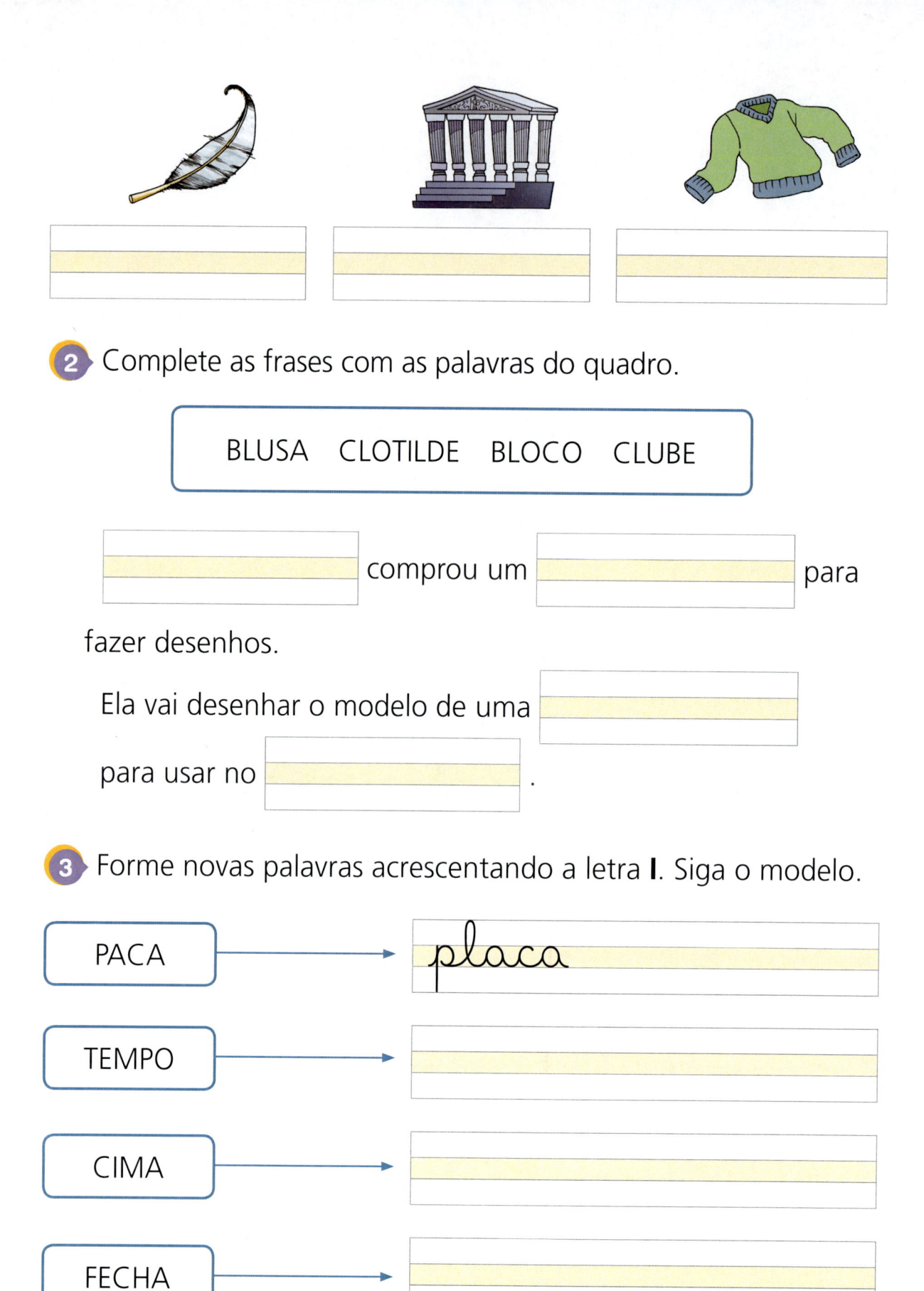

> BLUSA   CLOTILDE   BLOCO   CLUBE

_____ comprou um _____ para fazer desenhos.

Ela vai desenhar o modelo de uma _____ para usar no _____ .

3 Forme novas palavras acrescentando a letra **l**. Siga o modelo.

PACA	→	*placa*
TEMPO	→	
CIMA	→	
FECHA	→	

LIÇÃO 45

Palavras com br, cr, dr, fr, gr, tr, vr

Observe.

brigadeiro   cravo   pedra

cofre   gravata

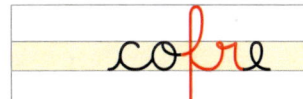

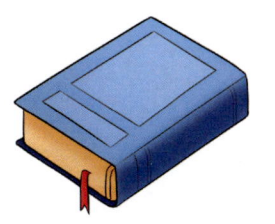

trigo   livro

ATIVIDADES

1 Separe as sílabas das palavras.

estrada	cravo	fruta

trenó	gruta	padrinho

primo	livraria

2 Forme novas palavras acrescentando a letra **r**. Veja o modelo.

cavo → cravo   fio →

faca →   lava →

topa →   pato →

baço →   como →